LES VERTUS DE L'EAU
et de l'hydrothérapie

Données de catalogage avant publication (Canada)

Cooper, David

   Les vertus de l'eau et de l'hydrothérapie

   (Collection Santé naturelle)

   ISBN: 2-7640-0646-2

   1. Hydrothérapie. 2. Eau – Aspect sanitaire. 3. Cures thermales. I. Titre. II. Collection: Collection Santé naturelle (Outremont, Québec).

RM811.C66 2002   615.8′53   C2002-941098-3

LES ÉDITIONS QUEBECOR
7, chemin Bates
Outremont (Québec)
H2V 4V7
Tél.: (514) 270-1746

© 2002, Les Éditions Quebecor
Bibliothèque nationale du Québec
Bibliothèque nationale du Canada

Éditeur: Jacques Simard
Coordonnatrice de la production: Dianne Rioux
Conception de la couverture: Bernard Langlois
Photo de la couverture: Artville
Révision: Jocelyne Cormier
Correction d'épreuves: Francine St-Jean
Infographie: Composition Monika, Québec

Nous reconnaissons l'aide financière du gouvernement du Canada par l'entremise du Programme d'Aide au Développement de l'Industrie de l'Édition pour nos activités d'édition.

Gouvernement du Québec – Programme de crédit d'impôt pour l'édition de livres – Gestion SODEC.

Imprimé au Canada

LES VERTUS DE L'EAU
et de l'hydrothérapie

DAVID COOPER

Introduction

L'OR BLEU

«L'eau que vous buvez a été pissée six fois par un diplodocus.»
Paul Émile Victor, explorateur et ethnologue français

Le Petit Robert définit l'eau comme un «liquide incolore, inodore, transparent et insipide lorsqu'il est pur»; mais résumer ainsi à sa plus simple expression scientifique, ou encore à sa formule chimique H_2O – deux parts d'hydrogène pour une part d'oxygène – ne lui rend pas vraiment justice.

Nantie de propriétés originales, présente sur Terre depuis sa formation, en mouvement permanent entre ses différents réservoirs, indispensable à l'éclosion de la vie et à son maintien au sein des écosystèmes aquatiques et sur les continents, nécessaire à nombre d'activités et de réalisations humaines, l'eau est une substance essentielle non seulement à la survie, mais aussi au développement de l'humanité.

Tantôt calme et sereine, les jours où l'air immobile semble dormir d'un sommeil de plomb et où aucune ride ne vient troubler l'onde; tantôt déchaînée lorsque le vent la soulève en vagues déferlantes qui vont se briser sur les rochers. Solide quand elle est glace ou neige, gazeuse quand elle s'élève en nuage de vapeur; eau douce ou eau salée, plate ou effervescente, stagnante ou courante, d'océan, de rivière, de lac ou de flaque; de mer, de source, de roche ou de pluie, l'eau est toujours vivante. Et, surtout, elle ne meurt jamais. Car c'est toujours la même eau qui circule sur notre planète depuis la nuit des temps: nous buvons la même eau que buvaient les dinosaures il y a 150 millions d'années!

Le cycle de l'eau est des plus simples et peut se résumer en trois mots: évaporation, condensation, ruissellement. Voici comment on le décrit au ministère de l'Environnement du Québec: «Sous les chauds rayons du soleil, l'eau des océans, lacs et rivières se réchauffe et s'évapore. La vapeur d'eau qui monte dans l'atmosphère est de l'eau douce car elle a perdu beaucoup de ses cristaux de sel. Lorsque la vapeur d'eau se refroidit, elle se transforme en gouttelettes d'eau puis donne naissance à des nuages; c'est la condensation. Quand les gouttelettes d'eau ont atteint un poids suffisant, elles retombent sous forme de pluie, de neige ou de grêle. Cette eau s'accumule et ruisselle vers les cours d'eau et finit par rejoindre l'océan, et le cycle recommence.»

Est-il vraiment utile de dire que l'eau est précieuse et absolument indispensable, que sans elle aucun type de vie n'est possible sur la terre. L'eau, enfin, est en quelque sorte le sang qui alimente et fait battre le cœur de la planète. Ses propriétés sont en outre tout à fait exceptionnelles, voire parfois inattendues. Depuis longtemps au centre de nombreux travaux de recherche, elle continue d'intriguer et de passionner nombre de scientifiques auxquels elle n'a pas encore révélé tous ses secrets. En revanche, il est étonnant de constater combien les gens, au quotidien, accordent peu d'intérêt à cet élément qui leur permet pourtant d'exister. L'ignorance, ou tout au moins la méconnaissance, du rôle et de la mission de l'eau dans et pour la vie a un aspect quelque peu malheureux.

Le but de cet ouvrage est de vous amener à prendre conscience de l'importance pratique de ce liquide vital, que nous considérons – hélas! – combien trop souvent comme acquis et plutôt inintéressant. Nous verrons, au fil des pages, comment l'eau agit, laquelle il faut privilégier, de quelle façon, à quelle fréquence et dans quelle mesure on doit (ou l'on peut) s'hydrater. Je vous présenterai également quelques activités thérapeutiques liées à l'eau, en vous dévoilant leurs bienfaits. Bien entendu, quelques données «scientifiques» émailleront, pour ne pas dire renforceront les propos.

PREMIÈRE PARTIE

L'EAU, SOURCE DE TOUTE VIE

> « Il faut boire l'eau en pensant à sa source. »
>
> – Proverbe chinois

S'il est un point sur lequel tous les médecins, thérapeutes et spécialistes de la santé sont unanimes, c'est bien sûr celui de l'importance capitale de l'eau pour la santé. L'eau est donc, pour tous et toutes sans exception, un élément essentiel pour le bon fonctionnement de l'organisme. La peau, les muscles, les os, les organes et le cerveau exigent, chacun dans des proportions différentes, leur dose d'eau (et de ses minéraux, que nous détaillerons d'ailleurs en annexe à la page 135) pour remplir leurs fonctions respectives, que ce soit pour respirer, pour bouger ou pour penser.

L'eau est un véhicule dont la fonction est de transporter et d'acheminer les minéraux, oligoéléments et autres nutriments essentiels, partout dans l'organisme, afin de

le ravitailler convenablement, de l'hydrater correctement et d'en éliminer ponctuellement les déchets et les
toxines.

Chapitre 1

DE L'EAU, DE LA VIE

L'eau est le principal constituant du corps humain. La quantité moyenne d'eau contenue dans un organisme adulte est de 65 %, ce qui correspond à environ 45 litres d'eau pour une personne de 70 kilos. La teneur totale en eau du corps humain dépend toutefois de plusieurs facteurs, notamment: de la corpulence: plus une personne est maigre, plus la proportion d'eau de son organisme est importante; de l'âge: elle diminue avec les années, car plus les tissus vieillissent, plus ils se déshydratent, l'eau étant remplacée par de la graisse. À l'intérieur de l'organisme, l'eau n'est pas répartie uniformément. Sa concentration varie d'un organe à l'autre, de 1 % dans l'ivoire des dents à 90 % dans le plasma sanguin. Outre le sang, les organes les plus riches en eau sont le cœur et le cerveau.

Cela dit, le corps humain ne peut pas stocker l'eau. L'organisme élimine en permanence de l'eau par les excrétions (principalement l'urine), la respiration (au moment de l'expiration) et, surtout, la transpiration. Les quantités d'eau ainsi perdues varient en fonction des conditions atmosphériques et des activités: plus la chaleur et l'activité physique sont importantes, plus la transpiration est abondante. L'homme doit donc chaque jour subvenir à ses besoins en eau en buvant et en mangeant, car les aliments en contiennent également beaucoup.

Pour maintenir l'organisme en bonne santé, les pertes en eau doivent donc toujours être compensées par les apports. La soif est d'ailleurs un mécanisme par lequel l'organisme «avertit» qu'il est en état de déshydratation; c'est pourquoi il n'est pas bon d'attendre d'avoir soif pour boire.

La quantité globale d'eau nécessaire à un adulte de taille moyenne, vivant en région tempérée et ne fournissant pas d'effort physique particulier, est d'environ 2,5 litres par jour, dont environ 1 litre est apporté par les aliments et 1,5 litre par les boissons. Sans aucun apport d'eau, l'homme ne peut vivre plus de deux ou trois jours; en revanche, s'il boit sans manger, il peut survivre environ quarante jours, à condition toutefois de ne fournir aucun effort.

La plus grande part de toute l'eau de l'organisme siège à l'intérieur des cellules; une autre partie occupe l'espace intercellulaire, servant de réserve aux cellules et aux vaisseaux sanguins. Le reste est contenu dans le sang et la lymphe, et circule en permanence dans tout l'organisme. En plus d'être le constituant essentiel des cellules, l'eau remplit plusieurs fonctions.

• elle participe aux nombreuses réactions chimiques dont le corps humain est le siège;

- elle assure le transit d'un certain nombre de substances dissoutes indispensables aux cellules;
- elle permet l'élimination des déchets métaboliques;
- elle aide au maintien d'une température constante à l'intérieur du corps.

Au moment de la digestion, outre l'eau apportée par les boissons et les aliments ingérés, l'organisme fournit lui-même plusieurs litres d'eau à l'estomac et à l'intestin grêle pour faciliter la circulation et la digestion des aliments. En fin de digestion, une faible proportion de toute cette eau descend dans l'intestin qui l'élimine avec les résidus de la digestion sous la forme de fèces. La plus grande part traverse toutefois les parois de l'intestin grêle et du côlon pour aller rejoindre le sang et la lymphe, qui la transportent à leur tour dans tout l'organisme, notamment vers les reins, la peau et les poumons, c'est-à-dire les principaux organes par lesquels elle sera ensuite éliminée de diverses manières.

- Les reins filtrent le sang: ils retiennent les déchets métaboliques que celui-ci contient en vue de leur élimination par l'urine.

- Les glandes dites sudoripares situées dans la peau «puisent» l'eau des capillaires sanguins qui les entourent, sous la forme d'une urine très diluée qui est ensuite éliminée par les pores cutanés sous la forme de sueur; lorsqu'il fait chaud, la sueur, qui produit du froid en s'évaporant, permet de réguler la température corporelle.

- À chaque expiration, les poumons rejettent de l'air qui contient de la vapeur d'eau.

LES EFFETS DE LA MODE

Les usages dits domestiques de l'eau sont très variés. En plus de la boire – nous nous intéresserons à cet aspect particulier dès le prochain chapitre –, les hommes utilisent l'eau quotidiennement pour leur hygiène et les tâches ménagères de nettoyage, de rinçage, de cuisson ou d'arrosage. Pour la plupart, ces usages exigent une eau de qualité.

Se laver régulièrement le corps, et notamment les mains, avec une eau non souillée est un acte élémentaire d'hygiène en cela qu'il protège des maladies dues aux bactéries et aux microbes, et permet ainsi d'enrayer leur propagation. Bien qu'aujourd'hui de nombreuses maladies aient disparu des pays industrialisés, l'hygiène demeure indispensable au maintien d'une bonne santé.

Cela dit, les rapports à l'hygiène du corps et à l'eau ont beaucoup évolué au cours de l'histoire. À l'époque romaine, les thermes étaient très répandus et très prisés: on venait y prendre des bains et y discuter. Mais au xve siècle, considérés comme des lieux de plaisirs propices à la prostitution, les bains sont fermés et les vertus hygiéniques de l'eau remises en cause; l'eau commence même à être jugée néfaste pour le corps. On privilégie alors la toilette sèche, qui consiste à utiliser toutes sortes d'onguents, de poudres, de crèmes ou de pommades, et l'on s'habille de vêtements propres. Le recours à l'eau pour la toilette ne réapparaîtra qu'à la fin du xviiie siècle.

Ce n'est cependant qu'au xixe siècle que l'on commence à s'intéresser vraiment à la qualité de l'eau, notamment en France, à la suite des dramatiques épidémies de choléra qui sévirent au cours de la première moitié de ce siècle, tuant des dizaines de milliers de personnes.

Aujourd'hui, seuls quelques-uns des anciens bains publics subsistent, ceux dont les eaux, dites thermales, sont réputées bénéfiques pour la santé. Rappelons seulement qu'une eau thermale est une eau fossile, chaude et riche en sels minéraux, qui provient de nappes d'eaux souterraines très profondes. En fonction de leur qualité, ces eaux sont utilisées dans le traitement d'affections diverses: troubles nerveux, digestifs, respiratoires, etc. Des cures sont prescrites aux malades qui doivent boire chaque jour de cette eau bienfaisante, et prendre nombre de bains et de douches. La plupart des traitements thérapeutiques modernes sont d'ailleurs inspirés des traitements qui étaient alors prodigués dans ces bains.

DE L'USAGE DOMESTIQUE

Les usages domestiques de l'eau sont les plus vitaux pour l'homme et c'est pourquoi ce sont les plus anciens. Cependant, la consommation domestique d'eau est restée longtemps réduite non par souci d'économie, mais pour des raisons de disponibilité. En effet, l'eau n'était pas facilement accessible: il fallait aller la chercher à la source, au puits ou à la fontaine, se rendre au lavoir pour nettoyer son linge, et au bain public pour se laver. Dans certaines villes occidentales, et jusqu'à la fin du XVIIIe siècle, c'est le porteur d'eau qui amenait l'eau à domicile. L'eau potable à domicile et au robinet est une invention récente qui, aujourd'hui encore, est loin d'être répandue dans le monde entier.

Cet accès facile à l'eau potable en a naturellement stimulé la consommation qui, depuis, est en augmentation constante. Mais cette consommation s'est aussi considérablement accrue avec l'installation progressive de tout un confort moderne: le lavabo, la douche puis la baignoire, le tout-à-l'égout et les toilettes. Plus récemment, le lave-linge et le lave-vaisselle ont également contribué à cette accélération. On estime en effet que s'il suffit de quelques litres d'eau pour se laver au lavabo avec un gant, une douche d'une durée de quatre à cinq minutes consomme de 30 à 80 litres, et un bain de 150 à 200 litres! De même, laver la vaisselle à la machine consomme plus d'eau que de la laver à la main. À tout cela, il faut encore ajouter le nombre croissant de jardinets à arroser et de piscines privées à remplir – la consommation moyenne en eau d'une piscine pour un remplissage s'évaluant à plusieurs milliers de litres.

Cependant, toutes les populations du globe ne disposent pas du même confort. La consommation en eau domestique dans le monde est donc très inégale, d'autant plus importante que le niveau de vie des populations est élevé, les pays industrialisés, qui la gaspillent sans compter, caracolant loin devant les autres nations. Bien que très difficile à évaluer du fait de la multiplicité des usages, la consommation totale en eau domestique dans le monde est estimée en moyenne à 40 litres d'eau par jour et par habitant. Cependant, alors qu'un agriculteur africain consomme en moyenne 10 litres d'eau par jour, un Européen a besoin de 240 litres d'eau pour son usage personnel, pour le commerce et l'artisanat urbains ainsi que pour l'entretien des rues. Quant au citadin nord-américain, il en consomme plus de 600 litres! Malgré cette augmentation vertigineuse, la consommation d'eau domestique, loin d'être négligeable, n'est pas la plus importante, car les utilisations commerciales, industrielles et agricoles sont beaucoup plus intensives. Cela est une tout autre histoire; pour ma part, je me limiterai à notre usage personnel, domestique.

Chapitre 2

QU'EST-CE QUE LA SOIF?

Nous savons que l'eau est l'élément le plus indispensable à l'homme; trois jours sans eau, et c'est la mort. Pour répondre à ce besoin physiologique, il n'y a qu'une chose à faire: boire, régulièrement et suffisamment, et bien entendu essentiellement de l'eau. Ce faisant, nous améliorons plusieurs fonctions du corps et, surtout, nos performances physiques et intellectuelles.

La sensation de soif paraît être l'assurance que nous penserons à nous hydrater quand notre corps en aura besoin. On aurait tendance à s'y fier, aucun effort ne devrait être nécessaire pour bien s'hydrater. On a soif, c'est un besoin impérieux, on boit alors abondamment. C'est simple, agréable. Le fait de boire quand on a soif est d'ailleurs ressenti comme un plaisir extrême.

Mais, dans nos sociétés, la sensation de soif est souvent tardive et disparaît souvent avant que le corps soit correctement hydraté. Il faut donc boire avant d'avoir soif!

Mais, justement, qu'est-ce que la soif? Pour être rigoureux, il faudrait dire «des soifs» car elles sont au nombre de deux. La première pourrait être résumée par un besoin d'eau pure. Le sel présent dans le milieu interne devient trop concentré et le corps demande alors de l'eau pour diluer ce sel. La seconde correspond à la fois à un manque de sel et d'eau. C'est typiquement la soif du sportif, celle du randonneur. Boire de l'eau pure conduira à un arrêt de soif prématuré qui surviendra alors même qu'il persiste un certain déficit en eau. On ressentira donc à cet instant, en plus d'un besoin d'eau, un appétit pour des aliments salés ou un désir d'eau minérale chargée en sel, souvent d'ailleurs une eau gazeuse. C'est cet apport salé qui permettra à la soif de compenser correctement le déficit en eau de notre corps. Il faut donc savoir boire selon ses besoins, en quantité comme en qualité.

Avec ou sans soif, la boisson idéale est l'eau, mais celle-ci est moins souvent reconnue comme une source de plaisir et tout particulièrement dans les populations urbaines, quoique cette tendance tende aujourd'hui à se corriger. Les paysans grecs pouvaient débattre durant des heures du goût de différentes sources alentour et faire des kilomètres pour aller chercher une eau agréable. Aujourd'hui, lorsqu'on ouvre le robinet, le plaisir n'est pas toujours au rendez-vous: l'eau est chlorée et beaucoup trouvent son goût désagréable. La physiologie n'avait pas prévu que l'homme civilisé aurait un jour à modifier l'eau ou encore qu'il mettrait une forte énergie à parfumer et à sucrer l'eau naturelle, et ce, dès la petite enfance. Cela entraîne un apprentissage qui reste ancré.

De nos jours, la tendance est de boire des boissons sucrées et d'oublier l'eau. Celles-ci hydratent, bien sûr, mais elles favorisent également l'obésité car les calories qu'elles apportent sont mal comptabilisées dans les apports quotidiens.

Mais revenons plus directement à notre sujet. La soif est un mécanisme de contrôle destiné à normaliser l'hydratation de notre organisme. Quand celui-ci est en manque d'eau, nos cellules, telles des sentinelles attentives, envoient à notre cerveau un message d'urgence qui se manifeste par la sensation de soif. Les cellules auront cependant beau être d'une diligence admirable, il n'en demeure pas moins que le temps qu'elles sonnent l'alarme au cerveau et que ce dernier déclenche la soif, nous aurons déjà perdu 1 % de notre poids en eau. Et la déshydratation va s'accroître encore si, pour une quelconque raison, nous retardons le moment de nous abreuver, ce qui est très fréquent lorsque nous sommes absorbés dans un travail prenant.

Mais comme l'eau exerce une influence déterminante sur notre état de santé, il est absolument indispensable que nous en buvions suffisamment si nous ne voulons pas nous étioler. Nous avons déjà tous pu observer une plante qui manque d'eau: ses feuilles perdent leur éclat, jaunissent, sèchent et tombent les unes après les autres; sa tige perd graduellement de sa force jusqu'à se courber complètement, incapable de supporter son propre poids. Certes, certaines plantes résistent plus longtemps que d'autres au manque d'eau, mais lorsque leurs réserves s'épuisent, la conclusion est inéluctable. On pourra peut-être réussir à réhydrater et à redonner vie à une plante que l'on a oublié d'arroser, mais retrouvera-t-elle jamais sa vigueur première? N'attendons pas d'en être rendus là!

Nous avons vu que la soif est une sensation déclenchée par le cerveau pour nous aviser qu'il est temps de boire. Nous avons également vu que lorsque survient cette sensation, le corps est déjà en état de légère déshydratation. La soif survient donc tardivement, avec un décalage plus ou moins important par rapport aux véritables besoins hydriques du corps. Comme la plupart des gens attendent cette sensation de manque avant de boire, on peut en conclure qu'ils sont perpétuellement en état de déshydratation, plus ou moins prononcée. Vous serez très certainement d'accord avec moi si je vous dis qu'il ne faut pas attendre d'être en panne pour mettre de l'essence dans sa voiture! Voilà pourquoi il ne faut pas attendre d'avoir soif pour boire.

L'organisme a besoin d'une hydratation constante et permanente et l'eau est, et de loin, la boisson la plus adaptée au corps humain. Comparable à nulle autre, dans ses effets thérapeutiques, elle est un aliment vital qu'il convient d'apprendre à consommer.

BOIRE ET BOIRE ENCORE!

Un des problèmes majeurs auquel nous sommes susceptibles de nous heurter, lorsque nous parlons d'hydratation suffisante, réside dans le fait que la soif est une sensation qui, aussi vive soit-elle, est rapidement apaisée. En effet, celle-ci se dissipe bien avant que le corps soit parfaitement réhydraté. De façon générale, quand nous buvons parce que nous ressentons la soif et que nous cessons de boire sitôt que cette sensation se dissipe, nous n'avons hélas! comblé que plus ou moins 50 % de nos besoins hydriques. Il n'existe qu'une seule solution, en deux points, pour éviter de subir continuellement ce déficit en eau. D'abord, il faut boire AVANT d'avoir soif; puis boire même si vous n'avez plus soif.

Le corps, à l'égard de l'eau, est d'une fourberie qui n'a d'égale que celle dont il fait preuve à l'égard des graisses. De fait, s'il sait parfaitement bien emmagasiner ces dernières, parfois en des bourrelets disgracieux, il n'a pas le pouvoir de stocker l'eau qui, éventuellement, aiderait à faire disparaître ceux-ci. Les choses étant ainsi faites, et comme nous ne pouvons rien y changer, il nous faut donc constamment renouveler l'approvisionnement du corps en eau pour lui préserver sa santé, son équilibre – tant physique que psychique –, sa beauté et sa jeunesse.

Les pertes quotidiennes du corps, en eau, sont considérables. Nous l'avons vu brièvement dans le chapitre précédent: nous perdons de l'eau dans les urines, dans les selles, dans la transpiration et dans la respiration. À lui seul, le rein élimine environ un litre d'eau par jour. Nous pouvons dire qu'en moyenne, chacun de nous perd, au total, quotidiennement, entre deux litres et deux litres et demi d'eau, quantité qui peut cependant atteindre jusqu'à cinq et même dix litres si l'activité physique est importante et si la température est élevée.

Il est également important de garder à l'esprit que lorsque nous nous déshydratons, ce n'est pas seulement de l'eau que l'on perd, mais aussi tous les minéraux et oligoéléments qu'elle contient. Pour préserver un bel équilibre hydrique, il faut donc boire, au minimum, ce que l'organisme évacue chaque jour après s'être servi de cette eau pour s'hydrater, se nettoyer et se purifier.

Une bonne hydratation dépend aussi, par ailleurs, de la qualité de ce que l'on boit et de ce que l'on mange. L'alimentation compense une partie des pertes quotidiennes en eau pour l'équivalent d'environ un tiers de ces pertes, à la condition bien entendu que les fruits et les légumes (crus, de préférence) figurent en bonne place dans votre régime alimentaire. Le reste doit être pris sous forme de boissons. Quant aux liquides, il est indéniable que l'eau est, ou plutôt devrait être, la boisson privilégiée pour tout le monde, homme ou femme, jeune ou vieux, intellectuel ou sportif. L'eau est notre meilleure alliée, notre meilleure complice, dans la recherche d'une bonne santé.

Cela dit, les besoins varient d'une personne à l'autre. Ils sont notamment tributaires de l'âge, de l'état de santé et de l'activité de chacun.

LES BESOINS DE CHACUN

Les besoins en eau d'un enfant évoluent à mesure que celui-ci vieillit. Ainsi, ses besoins vont varier, de un an à dix ans, de 100 ml à 60 ml par kilo de poids corporel – ces chiffres, millilitres et âge, sont bien entendu approximatifs. Il convient donc d'offrir de l'eau à l'enfant qui ne peut se servir lui-même ou d'inviter les autres régulièrement à en boire, d'autant plus que les enfants sont souvent engagés dans des activités prenantes qui leur font oublier la soif. Les enfants devraient ainsi être autorisés à boire de l'eau chaque fois qu'ils en éprouvent le besoin, que ce soit après avoir couru, quand ils ont très chaud, en même temps que leur soupe ou leur dessert, pendant la nuit, etc.

Chez l'adulte, la situation est quelque peu différente. L'estimation des pertes quotidiennes en eau, chez un adulte moyen, doit être réajustée en fonction des efforts physiques fournis et de l'état de santé. Par exemple, il est évident qu'un athlète professionnel, comme un cycliste ou un coureur automobile, éliminera bien davantage d'eau qu'un bibliothécaire ou qu'un employé de bureau; une personne souffrant de diarrhée se déshydratera aussi beaucoup plus rapidement qu'une personne souffrant de constipation. Les chiffres qui suivent ne sont donc là qu'à titre indicatif de moyenne de perte chez les adultes; ainsi, par les urines et les selles, nous perdons de 1 à 1,5 litre; par la transpiration, de 0,5 à 1 litre; et par la respiration, de 0,4 à 0,8 litre.

Un adulte qui s'alimente bien devra donc boire un minimum de 1,5 litre d'eau par jour, le reste de ses besoins hydriques étant comblés par les aliments qu'il consommera. Mais attention! Ne perdez pas de vue que ce 1,5 litre n'est jamais qu'un minimum et que celui-ci, en certaines circonstances, peut atteindre trois ou quatre litres, et même bien davantage (jusqu'à 10 litres!) quand l'activité physique et la chaleur sont intenses. De façon générale, on s'entend toutefois pour dire que tout le monde devrait consommer au moins un verre d'eau (environ 150 ml) à l'heure tout au long de la journée, ce qui donne, pour une journée de 12 heures, près de 2 litres.

Chez la personne âgée, la soif tarde aussi davantage à se manifester parce que le système d'alarme servant à la déclencher perd de sa sensibilité avec les ans. En outre, quelques petites gorgées d'eau suffisent généralement à assouvir cette soif, alors même que le corps est pourtant encore largement déshydraté. En réalité, la plupart des personnes âgées sont constamment en déficit hydrique; aussi faudrait-il idéalement leur réapprendre à boire correctement – et suffisamment; leur offrir de l'eau plusieurs fois par jour et les inviter gentiment à faire preuve de bonne volonté. Pour être en équilibre hydrique, une personne âgée, en bonne santé, a besoin de boire au moins 1,5 litre d'eau par jour. Et, bien entendu, comme pour tout le monde mais encore plus que quiconque, cette quantité doit être augmentée aussitôt qu'il fait plus chaud que de coutume, qu'il y a le moindre symptôme de fièvre ou que l'humidité ambiante est accrue.

ACTIVITÉ, ÉTAT DE SANTÉ ET TEMPÉRATURE

Bien sûr, les sportifs ont besoin de boire bien davantage que n'importe qui d'autre, compte tenu de leur grande activité physique. Plus on bouge, plus on élimine de l'eau, notamment par la transpiration. À titre d'exemple, retenez qu'un coureur automobile de formule 1 peut perdre jusqu'à 5 kilos au cours d'une course.

Comme ces pertes diminuent considérablement les performances physiques, il faut donc, quand le corps s'agite, restaurer sans relâche le «niveau» d'eau dans l'organisme. Pour le commun des mortels que nous sommes, il est recommandé de boire au minimum toutes les 20 minutes lorsque nous faisons de l'exercice.

Certaines pathologies exigent, d'autre part, du malade une prise d'eau plus grande qu'à l'accoutumée, car la déshydratation du corps est plus rapide qu'en temps normal. C'est le cas, notamment, pour les personnes qui souffrent de diarrhée, de fièvre, d'hémorragies ou de vomissements. Il faut alors boire et boire encore pour rétablir l'équilibre hydrominéral.

Enfin, et cela nous le savons tous, lorsqu'il fait très chaud ou que le temps est très humide, il faut boire davantage car le corps élimine plus rapidement son eau. Cela s'avère toutefois généralement facile de boire beaucoup, car nous ressentons la soif plus intensément, mais il faut également boire davantage même si l'on ne ressent pas la soif, par exemple lorsqu'il fait très froid car le froid dessèche.

De la même manière, sont aussi desséchants l'altitude et le vent. Si, par exemple, vous partez faire une balade ou une randonnée en montagne, ne manquez pas d'apporter quelques bouteilles d'eau et de vous abreuver régulièrement. Faites de même que ce soit l'été ou l'hiver, qu'il fasse chaud ou froid, quand vous allez skier, faire de la planche à neige ou du vélo de montagne.

Tout cela étant dit, il n'y a pas de maximum en ce qui concerne la quantité d'eau qu'une personne doit boire quotidiennement. Sauf dans le cas de certaines pathologies, rarissimes, nous ne pourrons jamais boire trop car l'organisme évacue ses surplus au fur et à mesure. Le meilleur truc pour savoir si nous sommes suffisamment hydratés est d'observer la couleur de nos urines. Dans un cas d'hydratation idéale, celles-ci sont claires comme... de l'eau. Plus elles sont foncées, plus notre hydratation est déficiente (quoiqu'il faille parfois se méfier de certains aliments et médicaments qui colorent l'urine).

Un préjugé tenace existe selon lequel il n'est pas bon de boire trop abondamment car cela accroît la charge de travail au niveau des reins et risque de les user avant le temps. Cette idée est non seulement fausse, mais aussi contraire à la réalité. Les urines d'une personne qui boit très peu d'eau sont infiniment concentrées (moins on boit d'eau, plus elles sont concentrées) et c'est le «stockage» de ces urines qui nuit à la bonne santé des reins.

SYMPTÔMES D'UN DÉFICIT HYDRIQUE

Si une bonne hydratation augmente les capacités et performances physiques et intellectuelles, un déficit hydrique entraîne en revanche de fort nombreux malaises. Malheureusement, en raison de notre méconnaissance de l'importance de l'eau, nous ne sommes pas portés à associer ces malaises à une carence en eau. Nous les associerons plutôt à un manque de sommeil, à la faim, à un abus d'alcool, au surmenage, à un surcroît de responsabilités, à l'anxiété, etc. Certes, il peut s'agir également, en plus ou moins grande partie, d'une combinaison de ces facteurs, mais si notre organisme était bien hydraté, nos fonctions physiologiques et cérébrales s'accompliraient de meilleure façon et nous serions sans doute moins souvent victimes d'insomnie, de surmenage ou d'anxiété.

• Quand vous êtes en déficit de 1 % à 5 %[1], les symptômes de la déshydratation sont les suivants: sensation de soif; vague inconfort; rougeur de la peau; impatience; sommeil, grande fatigabilité physique et mentale; constipation; fréquence cardiaque élevée; nausées; température rectale élevée.

• Quand vous êtes en déficit de 6 % à 10 %, les symptômes de la déshydratation sont les suivants: étourdissements; maux de tête; respiration difficile; fourmillement dans les membres; concentration sanguine augmentée; absence de salivation; cyanose; parler indistinct; incapacité de marcher.

• Quand vous êtes en déficit de 11 % à 20 %, les symptômes de la déshydratation sont encore plus

---

1. Le déficit (en %) est calculé en fonction du poids corporel.

graves, il devient même difficile de les reconnaître : délire ; spasmodicité ; langue enflée ; incapacité d'avaler ; surdité ; vision voilée ; peau ratatinée ; miction douloureuse ; peau insensible.

Tout cela nous fait constater l'importance de l'hydratation et, en premier lieu, de l'action de boire.

Chapitre 3

QUE FAUT-IL BOIRE?

Il est malheureux de constater à quel point, de nos jours, l'eau est négligée, voire méprisée, lorsqu'il s'agit de se désaltérer. Bon nombre de personnes l'ont reléguée aux oubliettes et l'ont remplacée par des boissons sucrées, édulcorées, pleines de colorants et d'agents de conservation. Pourquoi? D'abord pour la saveur et l'arôme, bien sûr, mais aussi parce que l'apparence d'un verre de boisson aux fruits ou de boisson gazeuse paraît plus séduisante à l'œil qu'un simple verre d'eau. Fort heureusement, il semble que la mode de l'eau soit en train de se réinstaller. Il y a même, maintenant, en Amérique du Nord et en Europe, des «bars d'eaux» où l'on nous propose une infinie variété d'eaux embouteillées.

Mais ce désintérêt face à l'eau souligne combien il est impératif que les parents de jeunes enfants soient conscients qu'ils doivent inculquer à ces derniers, dès leur plus jeune âge, le goût et le réflexe de boire de l'eau, d'abord et avant tout. Les boissons gazeuses, de même que les boissons aux fruits, ne devraient être consommées que très occasionnellement.

LES DIFFÉRENTES EAUX

Il existe différents types d'eau, faisons-en donc un tour d'horizon.

L'eau du robinet, d'abord. Celle-ci provient des eaux de ruissellement, de nappes phréatiques ou de rivières. Après avoir subi divers traitements (physiques, biologiques et chimiques), elle doit répondre à des critères, conditions et caractéristiques établis pour être qualifiée de potable. En ce sens, l'eau du robinet, sur les plans de la santé et de l'hygiène, est bonne à boire, même si plus souvent qu'autrement son odeur et sa saveur, fortement chlorées, laissent parfois à désirer. L'impression, quand on se fait couler un verre d'eau du robinet, de se faire couler un verre «d'eau de Javel» n'est certainement pas étrangère au fait que les gens, surtout les citadins, ont peu à peu abandonné sa consommation au profit de boissons plus invitantes. La teneur en minéraux et en oligoéléments de l'eau du robinet varie aussi, parfois considérablement, d'une région, d'une ville et même d'un village à l'autre.

Sa plus grande compétitrice est l'eau minérale. Pour avoir droit à cette appellation de «minérale», l'eau doit respecter une législation très stricte, c'est-à-dire posséder certaines caractéristiques précises, dont voici les principales.

• Les eaux qualifiées de minérales doivent provenir d'une source souterraine bactériologiquement et chimiquement saine (l'eau doit être tenue à l'abri de tous les risques de pollution).

- Elles doivent avoir une température stable à l'émergence.

- Elles doivent être embouteillées à la source, sans aucun traitement.

- Leur composition en minéraux et en oligoéléments doit être stable et constante.

- Les étiquettes doivent obligatoirement indiquer le nom de leur source et leur composition.

- Elles doivent avoir été légalement reconnues «d'intérêt public» pour la santé humaine, c'est-à-dire posséder un ensemble de caractéristiques qui sont de nature à produire des effets bénéfiques sur l'organisme.

Bien sûr, certaines eaux minérales sont plus riches que d'autres en minéraux. Certaines ont un goût plus prononcé, sont plus ou moins salées, plus ou moins pétillantes selon leur teneur en dioxyde de carbone (bicarbonate), mais toutes – et cela est très important – sont reconnues comme bénéfiques pour la santé. Nous vous précisons, en annexe (voir à la page 135), les besoins quotidiens de l'organisme en ce qui concerne les principaux minéraux et oligoéléments, ce qui vous permettra éventuellement de choisir votre eau minérale en toute connaissance de cause. En faisant le bon choix, vous pourrez combler une large partie (sinon toute) de vos besoins hydriques et minéraux, en buvant simplement un ou deux litres d'eau minérale par jour.

Prenons le calcium, à titre d'exemple. Les personnes allergiques au lait ou aux produits laitiers, celles dont le régime alimentaire ou l'état de santé n'en permettent pas la consommation ou celles encore qui, tout simplement, n'aiment pas le lait et ses produits dérivés, qui sont pourtant les principales source de calcium et de magnésium, peuvent aisément combler leurs besoins en buvant quotidiennement deux litres d'une eau minérale appropriée. Le calcium contenu dans les eaux minérales est réputé trois fois plus efficace que celui apporté par l'alimentation!

Prenez donc le temps d'en goûter plusieurs, il y en aura très certainement une qui saura satisfaire vos papilles gustatives.

Enfin, le troisième type d'eau est l'eau de source. Celle-ci, pour l'essentiel, est similaire à l'eau minérale; elle contient les mêmes minéraux et oligoéléments, sauf qu'elle n'est pas assujettie aux mêmes exigences. Les deux principales différences sont: 1) l'eau de source ne doit pas nécessairement avoir une composition stable et invariable; 2) elle n'est pas officiellement reconnue comme «thérapeutique», c'est-à-dire de nature à produire des effets bénéfiques sur l'organisme.

LES AUTRES BOISSONS

Il existe bien d'autres types de boissons, alcoolisées ou non. Bien que tous les liquides contribuent à l'hydratation du corps, ils ne sont pas tous et toujours, peu s'en faut, de nature à fournir à l'organisme les éléments dont il a besoin pour être en équilibre.

Par exemple, les jus de fruits sont certes très hydratants et contiennent des vitamines et des minéraux, mais en même temps ils sont très riches en calories (il est d'ailleurs à craindre que ces «calories bues» soient mal intégrées au bilan énergétique total et qu'elles puissent favoriser le surpoids). Si les boissons aux fruits de type «punchs» contiennent beaucoup d'eau, elles sont également très sucrées. Celles-ci, comme les boissons gazeuses, ne devraient être consommées que très occasionnellement à cause, justement, de leur haute teneur en sucre. Les boissons gazeuses légères, ou «diète», si elles ne contiennent pas de sucre, contiennent en revanche de l'aspartam, dont l'actuelle réputation est plus que douteuse sur ses effets et conséquences probables sur la santé.

Quant à l'alcool, il déminéralise. On devrait d'ailleurs toujours boire des verres d'eau en alternance avec les verres de boisson forte, de bière ou de vin.

Le thé et le café légers sont des boissons hydratantes convenables, mais il faut les consommer modérément à cause de leurs effets excitants. Pour une boisson chaude, optez plutôt pour une tisane ou l'infusion d'herbes fraîches. Mais, quoi que vous buviez, ne perdez jamais de vue que l'eau est la seule boisson indispensable à la vie.

QUE FAIRE POUR BOIRE SUFFISAMMENT

- Vous pouvez boire à la bouteille (certains affirment que, de cette façon, on boit davantage qu'au verre) à condition d'être le seul utilisateur et de ne pas conserver votre bouteille d'eau minérale entamée au-delà de 24 heures.

- La température de l'eau est importante: buvez de l'eau fraîche (elle est souvent plus goûteuse) ou à température ambiante, mais non glacée.

- Commencez toujours votre journée en préparant votre dose d'eau quotidienne; remplissez deux bouteilles de 750 ml ou encore trois bouteilles de

500 ml et versez-y l'eau (ou les eaux) de votre choix, et gardez toujours une bouteille à portée de main. Forcez-vous aussi à boire régulièrement. Posez-vous comme défi (à réitérer tous les jours) d'avoir consommé toute l'eau de vos bouteilles au moment d'aller vous coucher. Au bout de quelques semaines, voire quelques jours, vous en ressentirez les innombrables bienfaits.

• Ayez de l'eau sous la main dans la voiture, au bureau, sur votre table de chevet; dans votre sac, dans votre poche ou à la main quand vous allez au centre commercial, quand vous assistez à un match sportif ou à un spectacle, quand vous faites une promenade, bref, en tout temps et en tous lieux.

• Chaque eau minérale, comme je l'ai souligné précédemment, a son goût. En effet, les eaux minérales ont une constance de composition et de goût à la différence des eaux de source dont les origines peuvent varier. Il vous faut donc apprendre à repérer celle qui vous plaît le plus et vous incitera à boire davantage. Un des attraits des eaux minérales, souvent méconnu du grand public, réside précisément dans cette grande variété de goûts. Vous pouvez vous amuser à déguster une eau minérale comme un bon vin, en la «mâchant», en observant les sensations en bouche (persistance du goût, texture, densité, etc.). Apprenez à raffiner vos perceptions, à vous livrer à cet exercice de subtilité où les nuances sont extrêmement fines: l'eau minérale est-elle salée ou plutôt sucrée? amère ou acide? fortement ou faiblement minéralisée? A-t-elle comme certains grands crus un goût de pierre ou de craie (à cause d'une teneur importante en bicarbonates, souvent le cas des eaux gazeuses)? Si elle est gazeuse, est-elle «perlante»? A-t-elle une bulle fine ou, au contraire, une grosse bulle très effervescente qui éclate sous la langue? Faites-en un jeu! De même, profitez de la mode des bars à eaux pour découvrir de nouvelles eaux minérales et explorer de nouveaux goûts. Ramenez des eaux minérales étrangères lorsque vous voyagez. Une suggestion: pourquoi ne pas organiser chez vous des dégustations d'eau? Avec un peu d'expérience, vous les reconnaîtrez les yeux fermés, vous serez en outre «top tendance»!

- Pensez aux eaux minérales aromatisées, sans sucre (ou très peu sucrées), à la fraise, au citron, à l'orange, à la menthe; elles représentent un bon moyen de faire boire de l'eau, notamment aux enfants. Vous pouvez aussi les aromatiser vous-même avec des écorces de fruits.

- Faites la part belle aux eaux gazeuses, plus ludiques («il se passe quelque chose dans le verre»): tous les moyens sont bons pour boire de l'eau. Si vous êtes très visuel, choisissez bien la forme de votre bouteille d'eau minérale: certaines ont un design vraiment attirant qui participe au plaisir de boire.

- Un bon moyen d'augmenter sa ration hydrique quotidienne est aussi de boire des boissons chaudes (thés ou cafés légers, tisanes, décoctions de plantes, etc.), mais également de consommer des soupes ou des aliments qui contiennent beaucoup d'eau (en général ceux qui sont bons pour la ligne, fruits et légumes en tête, en particulier les crudités).

L'EAU FAIT-ELLE MAIGRIR?

L'idée que l'eau «fait maigrir» est profondément ancrée dans les croyances populaires, ce qui ne l'empêche pas pour autant d'être fausse. Cela dit, parce qu'elle est un aliment ne contenant aucune calorie, elle est fortement recommandée en tant que coupe-faim naturel, et sans autre effet secondaire que de faire uriner plus souvent!

Partant du principe qu'en mangeant ne serait-ce qu'un peu moins vous ferez déjà un premier pas dans la bonne direction, plutôt que de grignoter à peu près n'importe quoi, buvez de l'eau à intervalles réguliers, à petites gorgées, à raison d'un verre à l'heure. L'eau comble l'estomac et estompe (parfois même fait disparaître) la sensation de faim. L'eau minérale, faible en sodium, est la plus adaptée aux régimes amaigrissants car elle fournit les minéraux et oligoéléments trop souvent absents (ou, tout au moins, insuffisants) dans de fort nombreuses diètes. En outre, avant de prendre vos repas, offrez-vous un ou deux grands verres d'eau; il vous deviendra ainsi beaucoup plus facile de réduire vos portions de nourriture puisque votre estomac éprouvera, avant même de commencer à manger, une sensation de plénitude.

La conséquence directe d'une augmentation notable de vos prises d'eau, outre celle d'apaiser votre faim, sera de nettoyer votre organisme de toutes les toxines qui l'encombrent et qui nuisent à votre silhouette. Souvenez-vous que le drainage des déchets métaboliques est un des objectifs premiers des cures d'amaigrissement.

En guise de conclusion, je laisserai la parole au professeur Marc Thibonnier du département d'endocrinologie de l'hôpital universitaire de Cleveland:

«Au-delà de l'hydratation du milieu intérieur, l'eau de boisson participe à de nombreuses fonctions biologiques. Seul liquide physiologique, elle véhicule une foule de composés utiles, dont des micronutriments (sels minéraux et oligoéléments) aux multiples effets bénéfiques pour la santé. Nombre de scientifiques reconnaissent l'effet protecteur de l'eau oligominérale. La consommation quotidienne d'un litre et demi d'eau est une des premières règles assurant une bonne hygiène de vie. Elle assure l'équilibre hydrominéral interne, condition essentielle du bon fonctionnement de l'organisme.»

Chapitre 4

LES TISANES,
ou l'heureuse combinaison
de l'eau et des plantes

Si l'eau retrouve depuis quelques années un certain attrait auprès des consommateurs, en raison notamment de la grande variété d'eau embouteillée, sa comsommation sous forme de tisane, elle, n'a jamais cessé de croître. Et pour cause! Ajoutées à l'eau, apprêtées sous forme de tisane, les plantes aux vertus thérapeutiques remplissent des fonctions bien distinctes avec lesquelles il importe de se familiariser. Voici donc une liste alphabétique, non exhaustive, des propriétés médicinales de quelque soixante-dix plantes parmi les plus connues et les plus usuelles. À l'occasion, les propriétés de la décoction et de la macération sont aussi mentionnées, ces modes de préparation s'apparentant à celui de l'infusion[2].

---

2. Merci à Joan Barp, auteure de *Soigner par les tisanes* (Éditions Quebecor), pour sa collaboration à ce chapitre.

- Achillée millefeuille, ou herbe à dinde

L'infusion des sommités fleuries est diurétique, emménagogue, fébrifuge, sudorifique, tonique, vasodilatatrice et vermifuge.

- Agripaume

L'infusion des parties aériennes est relaxante et agit comme tonique cardiaque et stimulant utérin. La décoction des grains est emménagogue; l'infusion des grains utilisée en bain d'yeux est relaxante et rafraîchissante.

- Aigremoine

L'infusion des sommités fleuries et des feuilles est antidiarrhéique; en gargarisme, elle s'avère très efficace contre les maux de gorge (l'aigremoine a la réputation d'être l'ange gardien de la voix).

- Ail

L'infusion des gousses fraîches (de même que la gousse fraîche) est antibiotique, antiparasitaire, expectorante, hypocholestérolémiante, hypoglycémiante et sudorifique.

- Alchémille commune, ou manteau de Notre-Dame

L'infusion des parties aériennes est astringente, décongestive (foie), emménagogue (régularise le flux menstruel) et sédative.

- Angélique officinale, ou herbe aux anges

L'infusion des feuilles est antiseptique, sudorifique, digestive, expectorante et constitue un excellent préventif général. L'infusion des racines est stimulante et agit comme tonique général. La décoction des racines est emménagogue et tonique.

- Armoise absinthe

L'infusion des parties aériennes est apéritive, carminative (expulse les gaz intestinaux), cholérétique (augmente la sécrétion biliaire), digestive et vermifuge.

- Armoise commune

L'infusion des parties aériennes est un stimulant utérin, et elle est digestive. La décoction est emménagogue et digestive.

- Aubépine, ou valériane du cœur

L'infusion des sommités fleuries est astringente, vasodilatatrice (augmente la taille des vaisseaux sanguins), a un effet hypotenseur et peut agir comme tonique cardiaque.

L'infusion des fleurs est calmante et sédative. Elle a aussi un effet hypotenseur et peut jouer le rôle de tonifiant cardiaque.

- Aunée

La décoction des fleurs est antivomitive et digestive. Celle des racines est bactéricide, expectorante et tonique.

- Avoine

La décoction de la plante entière est calmante, sudorifique et tonique.

- Barbe de maïs

L'infusion des cheveux de maïs est diurétique (rétention d'urine, cystite et calculs rénaux).

- Bardane (grande)

L'infusion des feuilles est digestive, laxative et diurétique. La décoction des racines est adoucissante (problèmes sérieux de la peau) et antiseptique.

- Basilic, ou herbe royale, ou pistou

L'infusion des feuilles est antiseptique (particulière-ment efficace sous forme d'inhalation), antispasmo-dique, antitussive, sédative et tonique.

- Bouleau

L'infusion des feuilles est antirhumatismale, dépura-tive (cure nettoyante) et diurétique (surtout contre l'in-flammation et l'infection de l'appareil urinaire).

- Bourrache

L'infusion des feuilles et des fleurs est expectorante, fébrifuge, galactogène (favorise la lactation) et sudori-fique.

- Bourse-à-pasteur, ou boursette

L'infusion des parties aériennes est emménagogue, astringente et hémostatique; en compresse ou en cata-plasme, elle est aussi fortement hémostatique.

- Brunelle

L'infusion des parties aériennes est astringente, emménagogue et diurétique. En bain d'yeux, elle est calmante; en bain de bouche et en gargarisme, elle est anti-inflammatoire et hémostatique.

- Camomille

L'infusion des fleurs est anti-inflammatoire, antivo-mitive, antispasmodique, apéritive et sédative. En bain de bouche et en bain d'yeux, elle est anti-inflammatoire.

- Cannelle

La décoction de l'écorce est carminative (expulse les gaz intestinaux) et digestive.

- Chèvrefeuille

L'infusion des fleurs est expectorante. La décoction des boutons est bactéricide et fébrifuge. Celle des tiges est bactéricide, anti-inflammatoire, antirhumatismale et antispasmodique.

- Chiendent

La décoction des racines séchées est dépurative et diurétique.

- Consoude

L'infusion des feuilles est adoucissante, expectorante et constitue un excellent gargarisme astringent.

- Échinacée pourpre, ou rudbeckie

La décoction des racines est antibiotique, antihémorroïdale et immunostimulante (renforce le système immunitaire).

- Estragon

L'infusion des feuilles est apéritive, antispasmodique, digestive, emménagogue et vermifuge.

- Eupatoire

L'infusion des parties aériennes est anti-arthritique, antirhumatismale, diurétique et laxative. La décoction est emménagogue, dépurative, tonique et plus fortement diurétique.

- Fenouil

L'infusion des grains aiguise l'acuité visuelle, est apéritive, carminative et galactogène. La décoction des racines est diurétique.

- Fraisier sauvage

L'infusion des feuilles est astringente, tonique hépatique et apéritive.

- Framboisier

L'infusion des feuilles est astringente et constitue un excellent tonique utérin (pour les femmes qui se préparent à accoucher).

- Gaillet gratteron

L'infusion des parties aériennes est diurétique et dépurative.

- Genévrier commun

L'infusion des baies est digestive et agit comme stimulant utérin.

- Gingembre

La décoction de la racine fraîche est antiseptique, antivomitive, expectorante et sudorifique. Celle de la racine séchée est carminative.

- Ginkgo

L'infusion des feuilles est vasodilatatrice et stimule la circulation.

- Guimauve

L'infusion des feuilles est béchique (contre la toux), pectorale (troubles bronchitiques) et diurétique. La décoction des racines est diurétique, expectorante et vulnéraire.

- Houblon

L'infusion des petits épis à sporanges (strobiles) est sédative.

- Hysope

L'infusion des parties aériennes est antibiotique, antispasmodique et carminative.

- Lamier blanc (*Lamium*), ou ortie blanche, jaune ou rouge

L'infusion des feuilles est astringente, calmante des organes génitaux et réductrice de l'hypertrophie bénigne de la prostate.

- Lavande

L'infusion des fleurs est antispasmodique, emménagogue, bactéricide et stimulante; en bain de bouche, elle est antiseptique et aromatique.

- Lierre terrestre

L'infusion des feuilles est astringente et anticatarrhale (contre l'inflammation des muqueuses des voies aériennes supérieures, le nez et le pharynx). Les fleurs peuvent aussi être cueillies et séchées et entrer dans la composition de la tisane de feuilles.

- Lin

L'infusion des grains (avec un peu de miel) est antitussive et adoucissante; la macération des grains est anti-inflammatoire; les grains nature sont laxatifs. L'infusion de la plante est laxative, diurétique et antirhumatismale.

- Marjolaine

L'infusion des parties aériennes est antiseptique, aromatique, bactéricide, calmante, expectorante et sédative.

- Mauve

L'infusion des parties aériennes est adoucissante, anti-inflammatoire et digestive.

- Mélisse officinale, ou citronnelle

L'infusion des feuilles est antidépressive, antispasmodique, carminative, digestive, bactéricide, fébrifuge, calmante, sédative et sudorifique.

- Menthe

L'infusion des parties aériennes est analgésique, antispasmodique, digestive, carminative, antivomitive et fébrifuge.

- Millepertuis commun, ou herbe de Saint-Jean

L'infusion des parties aériennes est sédative, calmante et antidépressive.

- Molène vulgaire

L'infusion des feuilles est anti-inflammatoire (en gargarisme), expectorante et sudorifique.

- Monarde écarlate

L'infusion des feuilles est antiseptique, carminative, emménagogue et stimulante.

- Mûrier

L'infusion ou la décoction des feuilles est bactéricide.

- Noyer

L'infusion des feuilles est astringente, anti-inflammatoire et digestive.

- Onagre commune

L'infusion des feuilles est anti-inflammatoire, antispasmodique, astringente et sédative.

- Origan

L'infusion des branches ou des feuilles est antispasmodique, expectorante, diurétique, emménagogue, sédative et calmante, sudorifique. En gargarisme, elle est antiseptique.

- Ortie dioïque

L'infusion des parties aériennes est dépurative et galactogène. Elle est aussi un stimulant circulatoire efficace et un tonique revitalisant (anti-anémique).

- Pissenlit officinal

L'infusion des feuilles est diurétique, dépurative et stimulant digestif. La décoction de la racine est cholagogue, diurétique et laxative.

- Pommier

L'infusion du fruit est antirhumatismale, antiseptique et antispasmodique.

- Prêle

La décoction des parties aériennes est astringente, emménagogue, anti-inflammatoire et diurétique. En bain de bouche et en gargarisme, elle est astringente et renouvelle les tissus.

- Primevère

L'infusion des fleurs est calmante, dépurative et sudorifique; en compresse, elle est calmante et astringente. La décoction des racines est expectorante et anti-inflammatoire.

- Réglisse

La décoction de la racine est un stimulant tonique et réduit l'acidité gastrique.

- Reine-des-prés

L'infusion des parties aériennes est fébrifuge, anti-rhumatismale et diurétique. En compresse, elle est anti-arthritique et antinévralgique.

- Romarin, ou rose des marins

L'infusion des parties aériennes est antiseptique, antirhumatismale, aromatique, astringente, carminative, cholagogue (favorise l'élimination de la bile), sudorifique et tonique.

- Rose

L'infusion des pétales frais ou séchés est anti-inflammatoire, astringente, bactéricide, tonique et aphrodisiaque.

- Sarriette

L'infusion des feuilles ou des sommités fleuries est antiseptique, aphrodisiaque, emménagogue, expectorante et stomachique. La décoction en gargarisme est bactéricide.

- Sauge

L'infusion des feuilles est bactéricide, vasodilatatrice, carminative, antiseptique, antispasmodique, hypoglycémiante, cholagogue; elle constitue de plus un excellent stimulant utérin ainsi qu'un bon tonique général.

- Saule blanc

L'infusion des feuilles est digestive. La décoction de l'écorce est anti-arthritique et tonique.

- Souci officinal

L'infusion des pétales des fleurs est cholérétique et emménagogue.

- Sureau noir

L'infusion des fleurs est anti-inflammatoire, expectorante et topique.

- Thym

L'infusion des parties aériennes est antiseptique, antispasmodique, bactéricide, béchique, digestive, énergétique, expectorante, sudorifique et vermifuge. En gargarisme, elle est bactéricide.

- Tussilage

La décoction des fleurs et des feuilles est anticatarrhale, expectorante et relaxante.

- Valériane officinale

L'infusion des racines est calmante et sédative (l'effet sédatif est plus fort en macération).

- Verge d'or

L'infusion des parties aériennes est dépurative et diurétique.

- Verveine officinale

L'infusion des parties aériennes est calmante, digestive, galactogène, sudorifique, stimulant immunitaire et utérin. En bain de bouche, elle est raffermissante.

- Violette

L'infusion des feuilles est légèrement laxative et stimule le système immunitaire. Celle des feuilles et des fleurs est digestive, antitussive et anti-inflammatoire au niveau des voies respiratoires. La décoction des racines est purgative et vomitive.

DEUXIÈME PARTIE

L'EAU, SOURCE DE BIEN-ÊTRE

«Il y a trois grands médecins: l'eau, l'exercice et la diète.»

Antoine Dumoulin, médecin français

Plusieurs techniques de soins ou, tout au moins, de remise en forme, utilisent l'eau et ses dérivés: algothérapie, aquagym (ou aquaforme, ou gymnastique aquatique), thalassothérapie, thermalisme (ou crénothérapie) et balnéothérapie sont autant d'activités thérapeutiques que vous pouvez pratiquer afin de bénéficier de leurs nombreux bienfaits.

Les chapitres qui suivent vous informent de leur approche respective, des cures, des traitements, des bienfaits et des soins que chacune de ces activités vous offre. Il n'appartiendra qu'à vous de choisir celle qui convient à votre situation tant physique que financière.

Toutes ces activités peuvent être regroupées sous le terme d'«hydrothérapie», laquelle se définit comme l'«emploi thérapeutique de l'eau sous toutes ses formes (bains, douches, enveloppements, affusion, irrigation, etc.)».

Chapitre 5

L'ALGOTHÉRAPIE

Les algues, aussi appelées «légumes de mer» en quelques points du globe, étaient déjà utilisées en médecine traditionnelle chinoise il y a plus de 2 500 ans. C'est peu à peu que le monde occidental a découvert et continue de découvrir les infinies richesses de ces plantes sans fleur, sans racine et sans tige.

Je pourrais disserter des pages entières sur les algues, leur origine, leurs utilisations et les recherches scientifiques dont elles sont le sujet, mais tout cela n'aurait qu'un rapport lointain avec l'objectif de ce livre. Ce qu'il importe de retenir, c'est que les algues agissent dans leur milieu marin comme des capteurs, des accumulateurs de minéraux, d'oligoéléments, d'acides aminés, de vitamines et autres substances. Elles contiennent souvent, au prorata, davantage de matière nutritive que l'eau de mer elle-même. Ainsi, pour ne donner que l'exemple de l'iode, il y a autant de cet élément dans un kilo d'algues fraîches que dans 10 000 litres d'eau de mer! Les algues sont des ogresses insatiables qui engloutissent tout ce qu'il y a de meilleur dans leur milieu ambiant et, à la manière d'une pile, condensent et thésaurisent tous les nutriments qui croisent leur chemin. Infiniment riches et fécondes, elles sont des «infirmières» auxiliaires hors pair. Une cure de bains d'algues peut très bien remplacer une cure de thalassothérapie, cette dernière étant souvent réservée à un nombre restreint d'utilisateurs.

LES BIENFAITS DES ALGUES

Les bienfaits des algues sont si nombreux qu'il est difficile, voire impossible, d'en dresser une liste exhaustive. Voici cependant les bienfaits les plus fréquemment mis en relief.

- Parce qu'elles sont très riches en iode, les algues sont tout indiquées pour lutter contre le goitre (augmentation du volume de la glande thyroïde) et autres maladies carentielles liées à cette glande comme l'hypothyroïdie (insuffisance thyroïdienne).
- Elles jouent un rôle de premier plan, notamment en thalassothérapie, pour soulager et traiter les affections rhumatismales, notamment le rhumatisme inflammatoire, l'arthrite, l'arthrose et les troubles liés à la mobilité.
- Elles jouent également un rôle extraordinaire dans les troubles de la croissance, notamment le rachitisme, en prévenant les problèmes de calcification ou en y remédiant.
- Elles soulagent efficacement les douleurs intercostales, les névralgies et les douleurs liées au nerf sciatique.
- Elles luttent contre l'hypertension artérielle, l'artériosclérose, diverses affections des voies respiratoires et de nombreux troubles liés aux organes génitaux.

- Elles soulagent et guérissent de nombreuses maladies de peau, notamment l'acné et l'eczéma.

- Elles exercent une action bienfaisante sur les voies respiratoires.

- Elles sont recommandées pour lutter contre la fatigue, le surmenage, le stress et tous les symptômes liés à la déprime et à la dépression.

- Elles ont acquis la réputation d'être très efficaces pour débarrasser le corps de ses surcharges pondérales et d'atténuer, voire de faire disparaître, la cellulite. À cet égard, elles sont abondamment utilisées dans toutes les cures d'amaigrissement.

- Elles possèdent des mucilages, des substances végétales composées de pectines et ayant la propriété de gonfler dans l'eau et dans l'estomac sans être assimilées. Par conséquent, elles constituent d'excellents coupe-faim pour les personnes soumises à une diète. Pour la même raison, les algues exercent une action laxative.

- Elles reminéralisent l'organisme, renforçant ainsi considérablement les défenses du système immunitaire.

- Elles ont une action anti-vieillissement parce qu'elles favorisent l'élimination des déchets ainsi que la régénération des tissus et des cellules.

- Elles stimulent la circulation sanguine.

- Elles luttent efficacement contre les infections, car elles agissent comme de véritables antibiotiques.

- Elles possèdent, selon de nombreux utilisateurs ou consommateurs d'algues, en particulier les laminaires, de grandes propriétés aphrodisiaques.

LES VARIÉTÉS D'ALGUES

Les algues se divisent en quatre grandes familles: les algues bleues, appelées cyanophycées; les algues vertes, appelées chlorophycées; les algues rouges, appelées rhodophycées; et les algues brunes, appelées phéophycées. Nous retiendrons toutefois que ce sont essentiellement les algues brunes qui sont utilisées en thalassothérapie et en balnéothérapie. Parmi les plus fréquentes, il y a les laminaires (*laminaria saccharina*), les plus riches en iode, et les fucus (*fucus vesicolosus*).

LA COMPOSITION DES ALGUES

Il existe plus de 25 000 espèces d'algues, chacune possédant ses caractéristiques propres selon sa structure et le milieu dans lequel elle évolue. Parmi ces 25 000 espèces, de nombreuses variétés font l'objet d'études scientifiques car le monde médical est conscient de la richesse infinie de ces plantes marines. Que ce soit sur les plans de l'alimentation, de la médecine ou de l'esthétique, les algues gagnent à être découvertes, apprivoisées, analysées et reconnues. Comme il est absolument impossible de dresser la composition spécifique de chacune des espèces d'algues, je vous propose «l'analyse moyenne des algues marines sèches», telle que présentée sur l'impressionnant site Internet de Docteur-Nature[3].

---

3.   *http://www.docteur-nature.com*

LES ALGUES MARINES SÈCHES

Cette variété d'algues contient 10 % d'eau et 70 % de matières organiques réparties comme suit:

- 57 % de glucides, notamment: acide alginique, carraghénanes, fucosane, gélose, laminarane, mannitol, cellulose;
- 4 % de lipides;
- 9 % de protides, notamment les acides aminés suivants dont huit essentiels que l'organisme ne peut synthétiser et qui lui sont pourtant indispensables: acide aspartique; acide glutamique; alanine; arginine; asparagine; cystine; glycine; histidine; isoleucine; leucine; lysine; méthionine; phénylalanine; proline; sérine; thréonine; tryptophane; tyrosine; valine.

Parmi les matières organiques, difficilement quantifiables, on trouve:

- des vitamines, nécessaires au bon équilibre des fonctions de l'organisme; A: rétinol; B_1: thiamine; B_2: riboflavine; B_3 ou PP: nicotinamide; B_6: pyridoxine; B_{12}: cobolamine; C: acide ascorbique; D_3: cholécalciférol; E: tocophérol; K: phylloquinone;
- des phytohormones ou auxines (hormones de croissance et de développement chez les végétaux);
- de nombreuses gibberillines;
- des pigments, notamment: chlorophylle, carotène, xanthophylle et phycobiline.

Les 20 % restants sont composés de matières minérales.

- En assez grande quantité (macro-éléments), classés par ordre décroissant de teneur: potassium, chlore, sodium, calcium, magnésium, soufre, phosphore, iode, fer, cuivre, manganèse;
- En faible quantité (oligoéléments), classés cette fois par ordre alphabétique: aluminium, antimoine, argent, arsenic, baryum, béryllium, bismuth, bore, brome, cadmium, cérium, chrome, cobalt, étain, fluor, gallium, germanium, lithium, thallium, titane, vanadium, zinc.

UTILISATIONS, APPLICATIONS ET ENVELOPPEMENTS

Il existe plusieurs façons de bénéficier des vertus thérapeutiques des algues puisqu'elles sont commercialisées sous différentes formes. Vous pouvez trouver des algues sous forme de poudre, de comprimés, de savons, de masques faciaux, de shampoings ou de crèmes de corps. Vous pouvez aussi les consommer dans de nombreuses recettes. La façon la plus commune de tirer profit de leurs vertus consiste cependant à prendre des bains d'algues ou à pratiquer des applications ou des enveloppements.

Ces applications et enveloppements d'algues sont couramment pratiqués dans les centres de santé, particulièrement dans les centres de thalassothérapie. On y utilise des algues marines cryobroyées, intimement mélangées à de l'eau de mer. La pâte ainsi obtenue est appliquée au pinceau, en couches épaisses, sur la zone à traiter. L'application peut être froide ou chaude, selon l'affection à soulager. Dans le cas de l'application chaude, la température est maintenue stable grâce à une rampe chauffante. C'est toujours le responsable médical du centre qui détermine le dosage algues/eau de mer, la durée et la température de l'application. L'application chaude est prescrite lorsqu'il s'agit de soulager des douleurs musculaires, des crampes et des spasmes, ou encore pour procurer détente et bien-être; l'application froide, elle, parfois associée aux bienfaits du camphre, sera recommandée dans la majorité des problèmes inflammatoires.

Quant à l'enveloppement, c'est le corps entier qui est recouvert de pulpe d'algues marines chaudes dont la température peut aller jusqu'à 44 °C. Ce traitement, qui provoque une abondante sudation, favorise, d'une part, l'élimination des toxines et, d'autre part, donne à l'organisme une occasion rêvée de puiser dans ces algues tous les minéraux et oligoéléments qui lui font défaut.

Tous ces traitements aux algues favorisent, bien entendu, la détente et la relaxation, hydratent et reminéralisent l'organisme, tout en exerçant une action reconstituante et en soulageant les douleurs articulaires et rhumatismales. Ils chassent aussi efficacement la fatigue et sont des auxiliaires de choix dans la lutte aux kilos superflus.

CONTRE-INDICATIONS

Si vous souffrez d'une affection chronique ou d'une pathologie grave, vous devriez d'abord vous informer auprès de votre médecin traitant avant d'entreprendre une telle cure.

Chapitre 6

L'AQUAGYM

Il semble bien que ce soit dans les années 80, sur une plage de la Floride, que fut «inventée» l'aquagym par Jean-Louis Rouxel et Christiane Gourlaouen, tous deux maîtres nageurs. L'aquagym, ou gymnastique aquatique ou aquaforme selon les autres noms qu'on lui donne, consiste à faire des exercices de gymnastique dans l'eau (piscine, lac, rivière, mer) plutôt qu'en salle de musculation. Elle s'inspire grandement de la rééducation en piscine.

Quand elle est pratiquée dans le cadre d'un cours, c'est le plus souvent une activité collective, mais elle peut tout aussi bien se pratiquer en solitaire. Les exercices proposés sont soit des exercices de gymnastique au sol, carrément transposés dans l'eau, soit des exercices spécifiquement conçus pour cette activité. L'aquagym est également un des soins pratiqués dans les stations thermales et les centres de thalassothérapie, tantôt en eau de source, tantôt en eau de mer chauffée. Ici ou là, elle se fait souvent en musique. Pour s'adonner à l'aquagym, nul besoin de savoir nager puisqu'elle peut s'effectuer dans un bassin où vous avez pied et que votre tête reste hors de l'eau.

COMMENT AGIT L'AQUAGYM

L'aquagym est une gymnastique douce qui se fait sans effort et sans (trop de!) courbatures, ce qui explique sans doute, tout au moins en partie, son immense popularité.

Le principe est simple. Quand vous êtes dans l'eau jusqu'au cou, votre poids perceptible ne représente plus que 25 % de votre poids réel (ce même pourcentage tombe même à 10 % en eau de mer), ce qui vous met naturellement dans un état de quasi-apesanteur. Cet état autorise l'accomplissement d'exercices qu'il vous serait difficile, voire impossible, de réaliser au sol. Comme la résistance de l'eau est directement proportionnelle à la force que vous engagez dans vos mouvements, c'est toujours vous qui décidez de l'effort que vous pouvez ou avez envie de fournir. Ainsi, en jouant avec la résistance de l'eau, variable selon sa profondeur et votre vitesse d'exécution, vous progressez toujours à votre rythme personnel. En d'autres mots, l'eau n'oppose qu'une résistance égale à la force que vous exercez sur elle.

Le fait que l'échauffement ne soit pas requis et que les risques de luxation – entorse, claquage, déboîtement, déchirure musculaire et autres élongations du même genre – soient presque nuls (il ne peut y avoir d'impact au sol) sont deux autres avantages de cette activité aquatique. Les résultats bénéfiques de la gymnastique aquatique sont perceptibles après quelques séances seulement.

EXERCICES ET ACCESSOIRES

Les exercices sont très variés et se font avec ou sans accessoires. Parmi ces derniers, on utilise des planches et des cylindres de mousse, des ballons, des ceintures de flottaison, des élastiques à *workout*, des gants palmés, des haltères, des palmes, des sangles abdominales, et bien d'autres encore. Selon le ou les objectifs de l'aquagymnaste – accroître la masse musculaire, remodeler le corps, augmenter la capacité cardio-vasculaire, rétablir la circulation sanguine, etc. –, les exercices pourront nécessiter l'utilisation d'un step ou même d'un vélo aquatique. Pour vous donner un avant-goût de l'aquagym, voici la description de quelques exercices.

Commençons par les exercices pour les membres inférieurs, notamment destinés à renforcer les muscles des jambes, à lutter contre les lourdeurs et à combattre la cellulite – vous devez avoir de l'eau jusqu'à la taille pour les pratiquer.

- La course. Avec de l'eau jusqu'à mi-cuisse, courez pendant une minute, puis passez à la marche pour un même laps de temps. Reprenez l'exercice en alternant ainsi, course-marche, pendant une vingtaine de minutes.

- La course sur place. Courez sur place pendant une trentaine de secondes, passez à un exercice pour les bras, puis alternez pendant une vingtaine de minutes.

- Les coups de pied. Donnez des coups de pied de type *kickboxing* pendant une trentaine de secondes, passez à un exercice pour les bras, puis alternez pendant une vingtaine de minutes.

- Les sauts. Sautez sur place pendant une trentaine de secondes, passez à un exercice pour les bras, puis alternez pendant une vingtaine de minutes. Les exercices pour les membres supérieurs sont naturellement destinés à renforcer les muscles des bras, mais aussi à raffermir la poitrine et à chasser la graisse superflue. Pour pratiquer ces exercices, vous devez avoir de l'eau jusqu'aux épaules.

- Les rames. Bras, buste et épaules recouverts d'eau, faites le mouvement de ramer pendant une trentaine de secondes, passez à un exercice pour les jambes, puis alternez pendant une vingtaine de minutes.

- L'oiseau. Bras, buste et épaules recouverts d'eau, battez des bras (comme si vous étiez un oiseau volant dans le ciel) pendant une trentaine de secondes, passez à un exercice pour les jambes, puis alternez pendant une vingtaine de minutes.

- La brasse. Bras, buste et épaules recouverts d'eau, faites des mouvements de brasse, sur place, pendant une trentaine de secondes, passez à un exercice pour les jambes, puis alternez pendant une vingtaine de minutes.

- Ouvrir-fermer. Bras, buste et épaules recouverts d'eau, ouvrez et fermez vos bras pendant une trentaine de secondes, passez à un exercice pour les jambes, puis alternez pendant une vingtaine de minutes.

- Balancement avant-arrière. Bras, buste et épaules recouverts d'eau, balancez vos bras vers l'avant puis vers l'arrière pendant une trentaine de secondes, passez à un exercice pour les jambes, puis alternez pendant une vingtaine de minutes.

Il existe d'autres exercices qui peuvent être pratiqués en aquagym; ils sont aussi nombreux que divers, mais nous pouvons résumer simplement en disant qu'il vous suffit de faire dans l'eau les mêmes exercices que vous feriez au sol.

À QUI S'ADRESSE CETTE ACTIVITÉ

L'aquagym s'adresse à absolument tout le monde. C'est une activité de choix pour les tout-petits, notamment pour développer la coordination; pour les personnes âgées qui, grâce à elle, retrouvent une mobilité plus grande. Elle est recommandée à tous ceux qui désirent accroître leur forme, tout en affinant leurs formes; elle s'adresse à la femme enceinte avec ses exercices destinés à renforcer les muscles et à apprendre à respirer correctement pendant l'accouchement. Elle constitue pour tous et toutes un excellent moyen d'apprendre à nager et, enfin, elle est idéale pour réconcilier les angoissés de l'eau avec cet élément si doux et confortable. Alors, que vous soyez de faible ou de forte constitution, jeune ou vieux, homme ou femme, et peu importe votre condition physique, l'aquagym peut vous aider à retrouver ou à conserver une belle et bonne forme.

SES EFFETS BÉNÉFIQUES

Chaque programme d'aquagym est personnalisé et adapté à votre condition physique, à votre âge et à vos objectifs. Trente minutes d'aquagym équivalent à environ quatre-vingt-dix minutes de gymnastique au sol.

Voici quelques-uns des nombreux bienfaits de l'aqua-gym.

- Elle est l'activité idéale pour les personnes qui veulent perdre du poids car elle permet de brûler plus de 1000 kcal par heure, et ce, en douceur, sans risquer de se blesser.
- Elle fait fondre la graisse, y compris la cellulite, et développer les muscles, les os et les organes.
- Elle fait diminuer le cholestérol.
- Elle soulage et fait souvent même disparaître les douleurs d'origines musculaire et articulaire.
- Elle est recommandée pour soulager (mais aussi pour prévenir) les maux de dos et les douleurs liées aux disques vertébraux, car elle fortifie la colonne vertébrale.
- Elle est préconisée pour les personnes souffrant de maladies cardiovasculaires.
- Elle accroît la capacité pulmonaire.
- Elle active la circulation sanguine grâce à l'effet de massage que l'eau exerce sur le corps en mouvement.
- En activant la circulation sanguine, elle permet une meilleure oxygénation des tissus musculaires et, de façon générale, elle revitalise l'organisme.
- Elle permet le renforcement musculaire des bras, des jambes, des fesses, des abdominaux, du dos, des seins, etc., car tous les muscles travaillent au cours d'une même séance. Par conséquent, la silhouette peut être remodelée au gré de l'aqua-gymnaste.
- Chez les enfants, outre le fait qu'elle favorise une meilleure coordination, elle réduit notablement les risques de problèmes liés à la croissance.

- Elle est fortement recommandée pour combattre le stress et tous les malaises qui en découlent comme la fatigue, passagère ou chronique, le surmenage, l'irritabilité, l'insomnie, etc.
- Elle est très efficace pour muscler le corps, et ce, sans aucune courbature ou presque.
- Elle accroît la souplesse, l'agilité et l'élasticité.
- Elle régénère l'organisme.

Alors, faites comme plus de trois millions de Canadiens (dont 90 % sont des femmes) et découvrez les multiples bienfaits de l'aquagym. Pour en retirer des bénéfices durables, il convient toutefois de pratiquer cette activité avec assiduité à raison de deux fois par semaine. Il y a peu de contre-indications concernant l'aquagym, si ce n'est l'insuffisance respiratoire, les troubles moteurs et sanguins et, bien entendu, l'allergie au chlore!

Chapitre 7

LA THALASSOTHÉRAPIE

La thalassothérapie, du grec *thalasso* qui signifie «mer», est l'utilisation de l'eau de mer, de ses divers éléments (les algues et le sable, par exemple) et du climat marin à des fins thérapeutiques. Mais la définition officielle de la thalassothérapie, telle qu'établie par la Fédération internationale de thalassothérapie, est la suivante: «Dans un site marin privilégié, la thalassothérapie est l'utilisation simultanée, sous surveillance médicale, dans un but préventif ou curatif, des bienfaits du milieu marin qui comprend le climat marin, l'eau de mer, les boues marines, les algues, les sables et autres substances extraites de la mer.»

L'origine de la thalassothérapie remonte à une époque fort lointaine que l'on situe à environ 480 ans avant J.-C. Grecs, Romains et Égyptiens de la plus haute Antiquité connaissaient et utilisaient déjà les vertus thérapeutiques de l'eau de mer pour soulager, voire guérir, de très nombreuses affections. C'est cependant à un médecin anglais, Richard Russell, auteur d'un ouvrage intitulé *The Use of Sea Water*, que l'on attribue la redécouverte des bienfaits de cette eau de mer, en 1753.

La première station balnéaire à utiliser les pouvoirs curatifs de l'eau de mer, de façon officielle, fut celle de Pornic (au pays de Retz, dans l'ouest de la France) créée en 1820. Outre les rhumatismes et les maladies liées au système nerveux, on y soignait également les maladies osseuses, l'obésité et l'anémie. Fut ensuite créée la station du Croisic (Loire-Atlantique), en 1855; cette dernière, équipée notamment de piscines d'eau de mer, devint rapidement un lieu de villégiature privilégié. Puis, identité oblige, la thalassothérapie fut ainsi baptisée, en 1865, à Arcachon, station balnéaire et climatique, par le Dr de la Bonardière qui en inventa l'appellation, tandis que le Dr Louis Bagot inventa celle de la kinébalnéothérapie marine en 1899, à Roscoff, sur la Manche. Celui-ci utilisait l'eau de mer essentiellement pour traiter et soulager les douleurs liées à l'arthrite et aux rhumatismes.

En 1906, René Quinton, physiologiste et biologiste français (1867-1925), démontra les similitudes physiologiques qui existent entre l'eau de mer et le plasma sanguin (partie liquide du sang), et prescrivit l'eau de mer diluée dans le traitement des maladies des nourrissons.

Le monde de la thalassothérapie doit toutefois une fière chandelle à Louison Bodet, champion cycliste et «patient» du Dr Bagot, qui prit l'initiative, en 1963, d'inaugurer l'année de la thalassothérapie en créant la station Quiberon, incitant alors de nombreux promoteurs à créer à leur tour de nouveaux établissements de soins et de remise en forme. Peu à peu, nous avons assisté à un engouement international pour la thalassothérapie dont on retrouve aujourd'hui des centres disséminés un peu partout dans le monde.

En 1986 fut créée la Fédération internationale de thalassothérapie, Mer & Santé, dont l'objectif est de promouvoir et de défendre cette activité. La thalassothérapie a été officiellement reconnue en 1997.

La thalassothérapie se distingue de la rééducation en milieu marin d'abord par son caractère de démarche volontaire, puis par sa vocation généraliste et, pourrait-on dire, holistique; en fait, elle est avant tout une activité thérapeutique préventive, bien qu'elle soit également pratiquée dans un but curatif. Pour sa part, la rééducation en milieu marin, procédure de type hospitalier, est vraiment une démarche médicale destinée à soigner des pathologies lourdes et graves comme un handicap physique important, un traumatisme ou un choc post-opératoire sérieux.

Maintenant que vous avez pris connaissance de la définition officielle de la thalassothérapie, avec tout ce qu'elle implique, vous êtes en mesure d'éviter la confusion, fréquemment observée, qui existe, dans l'esprit des gens, entre elle et le thermalisme ou la balnéothérapie, ces deux dernières activités n'utilisant pas l'eau de mer, critère absolument indispensable pour avoir le droit de prétendre au label «Qualicert» – nous reviendrons sur le thermalisme et la balnéothérapie.

POURQUOI CHOISIR LA THALASSOTHÉRAPIE

La réputation de la thalassothérapie n'est plus à faire puisqu'au cours des siècles elle a su démontrer son extrême efficacité. Il existe de très nombreux centres de thalassothérapie un peu partout dans le monde. Chacun d'eux peut avoir une ou plusieurs spécialités mais il faut retenir, d'ores et déjà, que tous utilisent la même eau de mer (bien que le climat de chaque mer possède ses qualités intrinsèques[4]), que ses bienfaits sont à peu près identiques et que, par conséquent, les soins offerts sont essentiellement les mêmes partout.

L'eau de mer a toujours été considérée et utilisée comme une substance thérapeutique, mais si les peuples d'autrefois en tiraient profit d'instinct, nous savons qu'elle doit son immense pouvoir curatif aux nombreux éléments qui la composent. Grâce à tous les chercheurs et médecins qui se sont intéressés à elle, on sait maintenant qu'elle a une ressemblance impressionnante, tant sur les plans qualitatif que quantitatif, avec le plasma sanguin. On a en effet établi que l'eau de mer contient une soixantaine de minéraux et d'oligoéléments, ceux-là même qui sont également nécessaires – chacun dans sa propre mesure – à l'équilibre du corps humain. Elle est d'ailleurs à ce point similaire au plasma sanguin que c'est dans une solution qui se rapproche intimement de sa composition que l'on plonge, pour les transporter, les organes destinés aux transplantations.

COMMENT AGISSENT L'EAU DE MER ET SES SELS

Les centres de thalassothérapie vont cueillir l'eau destinée aux soins des curistes assez loin de la rive, à une distance variant généralement entre 400 et 1 200 mètres. Quant à la profondeur, elle est de plus ou moins 5 mètres. L'eau ainsi récoltée est ensuite chauffée à une température de 34 °C et est utilisée pour l'ensemble des soins (quoiqu'elle soit parfois utilisée à froid).

---

4. Le climat qui domine le long de la Manche est considéré comme très stimulant, celui de l'Atlantique plus doux mais tonifiant, et celui de la côte méditerranéenne comme sédatif et reposant.

La densité de l'eau de mer conjuguée à sa chaleur produisent un effet spectaculaire, notamment sur les muscles et les articulations. Ainsi, une personne dont la mobilité d'un membre serait réduite à un dixième de sa force, et pour qui bouger ce membre à l'air libre serait impossible, pourrait pourtant le faire si ce dernier était immergé dans de l'eau de mer. C'est pour cette raison, bien sûr, que la rééducation en milieu marin, la kinébalnéothérapie, est si populaire et si efficace.

Outre cette précieuse qualité de quasi-apesanteur, l'eau de mer recèle ses inestimables minéraux, si vitaux pour l'organisme et dont ce dernier est parfois si dénué qu'il en tombe malade.

La chaleur de l'eau de mer utilisée en thalassothérapie par le biais de différents soins aide à dilater les pores de la peau, permettant ainsi la libre pénétration des éléments minéraux qu'elle renferme. Il est désormais établi que le tissu cutané laisse passer, à partir de 34 °C, les oligoéléments chargés d'assurer le bon fonctionnement des organes et des glandes du corps, de désintoxiquer et de reminéraliser l'organisme.

L'eau de mer apaise et revitalise à la fois; elle aiguillonne le corps et l'engage, en douceur, à mobiliser ses forces, son énergie et son propre pouvoir de guérison.

De plus, elle stimule et vivifie la circulation sanguine (système veino-capillaire); elle accroît notablement le drainage des déchets et des toxines qui polluent l'organisme; elle augmente les défenses du système immunitaire; elle soulage à peu près tous les types de fatigue, tant psychique que physique, et engendre encore d'innombrables bienfaits selon la façon dont elle est utilisée.

LES DIFFÉRENTS SOINS

Tous les curistes commencent leur séjour en thalasso-thérapie par une rencontre avec l'un des responsables médicaux du centre afin de déterminer les soins qui leur seront prodigués, selon leurs besoins et leurs désirs. L'ensemble des soins ne présente que très peu de diffé-rences d'un centre à l'autre.

Aérosols

Les aérosols sont des traitements qui dispersent l'eau de mer en fines gouttelettes et qui sont essentiellement prescrits aux curistes qui souffrent de rhume, rhinite, laryngite, pharyngite, sinusite, trachéite et toux. Ils sont utilisés pour drainer les muqueuses et dégager les voies respiratoires. À l'eau de mer on ajoute parfois des huiles essentielles, comme de l'huile d'eucalyptus.

Application d'algues et enveloppement

Voir à ce sujet le chapitre 5 «L'algothérapie», à la page 57.

Application de boues marines et enveloppement

Ce soin est semblable au précédent, sauf que les boues marines remplacent les algues. L'application peut être locale et l'enveloppement, partiel ou total. Les boues marines possèdent un grand pouvoir de rétention et c'est grâce à ce dernier qu'elles peuvent fournir à l'orga-nisme l'occasion de puiser dans les nombreuses subs-tances thérapeutiques certains éléments qui lui sont vitaux, notamment ceux qui servent à renforcer le sys-tème osseux et, par conséquent, à faire reculer d'autant le spectre de l'ostéoporose. L'application ou l'enveloppe-ment de boues marines est recommandé pour soulager les douleurs articulaires et rhumatismales, pour combattre certaines maladies de la peau et pour favoriser l'élimination des toxines. En plus d'exercer une action antalgique et anti-inflammatoire, les boues marines agissent efficacement sur les surcharges pondérales (excès de poids). En enveloppement surtout, elles sont sédatives.

J'ajouterai le paragraphe suivant à titre informatif.

Les boues marines ne sont rien d'autre que de la vase, des sédiments marins, ramassés sur les plages lorsque la marée s'est retirée. Mélangées à de l'eau de mer, elles sont utilisées sous forme de bains ou d'enveloppements, complets ou partiels selon le problème à traiter. Elles contiennent d'abondantes substances curatives, mais celles-ci diffèrent selon la composition des végétaux et des minéraux qui existent dans leur milieu ambiant et desquels elles se «nourrissent». Cela dit, de façon générale, les boues marines sont analgésiques, antalgiques, anti-inflammatoires, cicatrisantes, décongestionnantes, désintoxicantes et sédatives. Elles facilitent l'élimination des toxines, stimulent les échanges cellulaires, décontractent et désengorgent les zones congestionnées du corps, favorisent une détente totale et profonde; elles soulagent les problèmes articulaires comme l'arthrite, l'arthrose, les rhumatismes et les spasmes musculaires; elles traitent efficacement plusieurs maladies de la peau et guérissent certaines affections liées aux organes génitaux. Cependant, là ne s'arrêtent pas leurs bienfaits. Les boues marines font des merveilles, notamment au niveau de la peau et des cheveux. D'ailleurs, les boutiques de produits naturels et de nombreux centres d'esthétique et de beauté offrent à

leur clientèle des shampoings, des traitements capillaires, des masques, des savons et d'autres produits
cosmétiques à base de cet ingrédient.

Aquagym

Voir à ce sujet le chapitre 6, «L'aquagym», à la page 65.

Bain bouillonnant hydromassant

Il s'agit généralement d'un soin individuel dont on tire
profit dans l'intimité d'une baignoire, mais il peut également être pris en piscine. Une émulsion d'air dans l'eau
est à l'origine des millions de bulles qui enveloppent le
corps et c'est un système de jets sous-marins d'eau de
mer chauffée qui s'occupe de le masser. Le plus souvent, l'eau du bain bouillonnant hydromassant est
enrichi d'huiles essentielles ou d'algues broyées, ce qui
en intensifie d'autant les bénéfices. Les bouillonne-
ments du bain accélèrent les échanges cellulaires et
participent à l'absorption, par la peau, des différents
minéraux et oligoéléments contenus dans l'eau. Les
bienfaits conjugués de l'eau de mer (ses bulles et ses
jets massants), des huiles essentielles et des algues pro-
curent au curiste une relaxation totale. Les muscles se
décontractent, la détente s'installe, le corps s'apaise, les
tissus s'oxygènent, les toxines sont expulsées par un
drainage de taille et l'organisme se retrouve à la fois
détendu et revitalisé.

Douche à affusion

Une affusion, c'est un procédé thérapeutique qui consiste à verser de l'eau sur une partie du corps. Une
douche à affusion est constituée de multiples microjets

d'eau de mer chaude qui massent en douceur. Ce traitement se reçoit toujours en position allongée et il est de toutes les cures de relaxation. Il est particulièrement efficace pour soulager tous les types de courbatures musculaires. La douche à affusion est un soin calmant, voire sédatif, tout en étant stimulant. Il exerce une action directe sur le système nerveux.

Douche à jet

La douche à jet (un seul jet déversant plus ou moins 65 litres d'eau à la minute) n'est pas, comme beaucoup de gens semblent le croire, un traitement violent ou agressif. En réalité, sa pression peut être modulée selon les besoins de chacun, ceux-ci étant déterminés par le médecin du centre. La douche à jet fait partie du programme de nombreuses cures, qu'il s'agisse de tonifier ou de relaxer le corps. Parce qu'elle active la circulation sanguine, la douche à jet effectue un drainage profond et permet l'élimination des toxines. À ce titre, elle est prescrite dans toutes les cures d'amaigrissement et de lutte à la cellulite. Raffermissante et dynamisante, elle est également fortement recommandée pour soulager les tensions musculaires et pour fortifier la musculature.

Douche sous-marine

La douche sous-marine, un jet sous pression, est un soin massant individuel qui se fait soit dans une baignoire, soit dans un bassin d'eau de mer. La douche est actionnée par un hydrothérapeute qui en dirige le jet sur toutes les parties du corps, tour à tour, en suivant toujours le retour veineux. La douche sous-marine est au programme des cures qui visent un drainage (particulièrement vasculaire), de celles destinées à soulager les douleurs musculaires ainsi que de celles visant à se débarrasser de l'encombrante cellulite. C'est un traitement stimulant sur le plan de la circulation, mais il est aussi relaxant sur le plan nerveux.

Pédiluve et manuluve

Il s'agit de soins destinés tantôt aux pieds et au bas des jambes (jusqu'aux genoux), tantôt aux mains et aux avant-bras. Ceux-ci sont alternativement baignés dans l'eau froide (effet vasodilatateur) et dans l'eau chaude (effet vasoconstricteur) dans le but d'améliorer la circulation sanguine en stimulant l'activité du système veineux. Ces traitements font partie des programmes de cures destinés à soulager les jambes lourdes, les problèmes circulatoires, articulaires et rhumatismaux.

LES DIFFÉRENTES CURES

Outre ces soins, que l'on pourrait qualifier «de base», il en existe de nombreux autres. Les massages, par exemple, ne sauraient être passés sous silence puisqu'ils font partie des cures de tous les centres. D'autres soins sont aussi offerts dans un centre ou dans l'autre, par exemple l'actimer, le bassin analytique ou celui de rééducation; la cascade, le cavitosonic, le drainage lymphatique, la gymnastique aquatique, la kinésithérapie préventive, le modelage, la pressothérapie, la relaxation en piscine d'eau de mer, et j'en passe.

Il existe par ailleurs différentes cures, destinées spécifiquement à certaines personnes ou à certains traitements.

Cure de remise en forme ou cure anti-stress

Idéale pour la personne qui veut se «refaire» une santé, se laver du stress inhérent à la vie moderne, s'énergiser, se ressourcer, retrouver sa vitalité. La cure de remise en forme en est une de détente destinée aux personnes fatiguées et surmenées qui souffrent de douleurs diffuses ou spécifiques liées, notamment, au stress, à une mauvaise hygiène de vie et à une alimentation carentielle.

Cure d'amaigrissement

Une cure pour tous ceux et toutes celles qui veulent perdre du poids et affiner leur silhouette. Certaines cures sont spécifiquement destinées à combattre la cellulite. Outre les divers soins à l'eau de mer, le curiste est généralement initié aux secrets d'une bonne alimentation sous la férule d'une diététicienne.

Cure beauté

Cette cure prévient le vieillissement.

Cure prénatale

Cette cure est dédiée à la future maman pour lui permettre de vivre sa grossesse en étant bien dans sa tête et bien dans son corps.

Cure postnatale

Dédiée à la jeune maman, cette cure favorise la perte des kilos pris pendant la grossesse ainsi que le raffermissement des muscles, et chasse la dépression *post-partum*.

Cure anti-tabac

Pour venir en aide aux personnes qui désirent arrêter de fumer ou, tout au moins, ralentir leur consommation de tabac. Cette cure atténue les effets secondaires liés au sevrage du tabac.

Cure du troisième âge

Cette cure est réservée aux personnes d'un certain âge et adaptée à leur organisme souvent plus faible et fragile.

Cure spécifique

Selon les centres, vous pouvez choisir une cure pour soulager les maux de dos, les jambes lourdes, les migraines, l'insomnie, les rhumatismes, les courbatures, les symptômes liés à la ménopause ou à l'ostéoporose, ou alors une autre pour prévenir ou traiter certains problèmes de santé comme un traumatisme, un appareil cardiovasculaire ou respiratoire déficient, une mauvaise circulation sanguine, etc.

Il ne semble pas exister de cure de thalassothérapie pour enfants, ce qui me paraît déplorable et d'autant plus curieux qu'à l'origine ce genre de soins leur était réservé, que ce soit à la clinique du Dr Russel (en Angleterre) à qui on attribue, rappelons-le, la redécouverte de la thalassothérapie en 1753, ou à celle du Dr René Quinton, en France, au début du XXe siècle.

LES CONTRE-INDICATIONS

Il est à noter que certaines des affections ou maladies suivantes ne sont pas des contre-indications absolues, mais elles exigent que le curiste et son thérapeute prennent certaines précautions dans la planification et le déroulement des soins. Ce ne sera quand même toujours qu'après avoir pris l'avis de son médecin traitant qu'une personne limitée par l'une ou l'autre de ces contre-indications s'inscrira à une cure de thalassothérapie.

- Cancer en phase aiguë ou pas encore stabilisé; quand il y a des traitements de chimiothérapie ou de radiothérapie. Le patient peut cependant bénéficier des vertus de la thalassothérapie au moment où son cancer est stabilisé ou qu'il est en période de rémission.

- Syndrome d'immunodéficience acquise (sida). La cure de thalassothérapie est radicalement contre-indiquée à la personne déclarée sidatique. Cependant, elle ne l'est pas à la personne déclarée séropositive.

- La plupart des affections cardiovasculaires comme les maladies coronariennes, l'arythmie, la tachycardie, la bradycardie; l'hypertension artérielle, les maladies cardiaques décompensées, bref, toutes les cardiopathies (affection du cœur) aiguës sont des contre-indications à la thalassothérapie.

- Les phlébites, les artérites (affection artérielle d'origine inflammatoire), l'inflammation des veines, l'insuffisance veineuse et les varices sont des contre-indications notamment parce que ces pathologies ne permettent pas une tolérance suffisante à la chaleur liée à la thalassothérapie.

- Les rhumatismes inflammatoires aigus constituent un empêchement d'importance, mais seulement en crise rhumatismale. Lorsque celle-ci est passée, la thalassothérapie peut être une aide précieuse au niveau des articulations.

- Les affections thyroïdiennes, à cause de la forte teneur en iode de l'eau de mer ainsi que, bien entendu, l'allergie à l'iode.
- Certaines maladies de la peau, inflammatoires ou non, comme les affections mycologiques (à champignons), l'herpès, les verrues plantaires, les plaies infectées, mais aussi la plupart des lésions cutanées, même non infectées, comme l'eczéma ou une plaie mal cicatrisée. Par contre, la thalassothérapie est recommandée pour les personnes souffrant de psoriasis pour qui elle fait souvent des merveilles.
- Les problèmes de santé mentale graves, à caractère morbide, comme la schizophrénie, le délire, la paranoïa ou autre maladie affectant sérieusement le comportement du patient.

De façon générale, toute affection ou maladie en phase aiguë constitue une contre-indication à la thalassothérapie. Rappelons que celle-ci doit être envisagée non pas comme une prescription médicale pour venir à bout d'un mal qui s'est déjà installé dans votre organisme, mais plutôt à titre préventif.

LES CENTRES DE THALASSOTHÉRAPIE

Il existe de très nombreux centres de thalassothérapie un peu partout dans le monde. Pour avoir de plus amples informations sur ces centres, par pays; pour connaître les cures, les soins, les loisirs, les indications thérapeutiques de chacun ou encore pour recevoir des dépliants, allez naviguer sur Internet à l'une des adresses suivantes: http://www.thalasso-travel.com/ ou http://www.thalasso-europ.com/

LE THERMALISME

Impossible de clore ce chapitre sans glisser quelques mots sur le thermalisme, aussi nommé «crénothérapie». Il s'agit, ici, de l'utilisation et de l'exploitation des eaux minérales dans un but thérapeutique. Les soins prodigués par les professionnels de cette science, largement pratiquée en France, sont essentiellement les mêmes que ceux en usage dans les centres de thalassothérapie.

Un aspect important distingue cependant le thermalisme de la thalassothérapie: l'utilisation de l'eau de source. Bien que cette dernière contienne incontestablement moins d'éléments thérapeutiques que l'eau de mer, il n'en demeure pas moins que le thermalisme est une forme de traitement médicalement reconnue qui a fait ses preuves et qui a mérité sa réputation d'excellence. Les eaux de source contiennent une foule de minéraux et d'oligoéléments capables de soulager de fort nombreuses affections.

Bien entendu, chaque station balnéaire a sa ou ses spécialités selon la nature et la structure de ses eaux; certaines seront plus réputées pour leurs cures amaigrissantes, d'autres pour soulager les difficultés respiratoires ou les douleurs rhumatismales ou encore pour traiter et guérir certaines maladies de la peau.

Classées par ordre alphabétique, les 12 spécialités du thermalisme sont les suivantes: affections de l'appareil digestif; affections de l'appareil urinaire; affections des muqueuses bucco-linguales; affections psychosomatiques; dermatologie; gynécologie; maladies cardiovasculaires; neurologie; phlébologie; rhumatologie;

troubles du développement de l'enfant; voies respiratoires.

Pour obtenir plus d'informations, mais aussi des adresses utiles à propos des thermes, une adresse de référence: http://www.thermes.org/

TROISIÈME PARTIE

PETITE «CURE» PERSONNELLE

«*La mer lave tous les maux de l'homme.*»

Platon

Chapitre 8

LA BALNÉOTHÉRAPIE

La balnéothérapie est l'utilisation des bains dans un but thérapeutique. À la différence de la thalassothérapie et du thermalisme – qui utilisent respectivement l'eau de mer et l'eau de source –, la balnéothérapie utilise l'eau courante. Bien sûr, l'eau du robinet ne possède pas les mêmes vertus curatives en matière de minéraux et d'oligoéléments que les eaux de mer et de source, mais il est indéniable qu'un bon bain chaud procure tout de même un grand bien-être, que ce soit sur le plan physique ou psychique.

La balnéothérapie, dans son sens le plus strict, se pratique sous supervision médicale; il est cependant admis, aujourd'hui, de parler de ce type d'activité dans un sens beaucoup plus large. En fait, de nos jours, la «balnéo» s'exerce dans les centres de sport et de remise en forme, dans les centres d'esthétique et de beauté et même dans plusieurs grands hôtels, tantôt pour la bonne forme, tantôt pour soulager quelques malaises, tantôt pour le simple bien-être. On peut naturellement, avec un minimum de préparation, la pratiquer chez soi.

Voilà d'ailleurs pourquoi je consacrerai une section spéciale à cette thérapeutique.

Pour les vrais amateurs, et ce, depuis la Rome antique, il n'est pas de plus grand délice que celui de se glisser dans une baignoire remplie d'eau chaude et de s'y laisser voluptueusement tremper. En moins de temps qu'il n'en faut pour le dire, le corps s'apaise, se détend; les problèmes sont relégués au second plan, l'esprit se vide et le pur plaisir s'installe.

Pour de nombreuses personnes, hommes et femmes confondus, l'heure du bain est un rituel quasi sacré: c'est souvent la seule période de la journée où elles peuvent enfin décompresser en toute liberté et dans l'intimité. L'eau du bain a notamment le pouvoir de soulager le corps de ses douleurs articulaires et des multiples crispations et contractures accumulées au cours de la journée; elle «lave» également l'esprit de toutes les contingences de la vie quotidienne.

Les personnes réfractaires aux bains allèguent, pour la grande majorité d'entre elles, qu'elles ne peuvent imaginer se «baigner dans leur crasse»; à ces personnes, il faudrait expliquer que le but du bain n'est pas a priori de se laver, mais bien de se détendre (parmi les adeptes du bain, il y en a d'ailleurs beaucoup qui se douchent, se savonnent et se lavent avant de se faire couler un bain).

Pour d'autres encore, prendre un bain est une perte de temps; à ceux-là, il faudrait énumérer les innombrables effets thérapeutiques de l'eau ainsi que ceux du sel marin, de l'argile, des herbes et des huiles essentielles que l'on peut ajouter à l'eau du bain pour en faire une activité extrêmement bénéfique sur le plan de la santé. Prendre soin de soi ne devrait jamais être perçu comme une perte de temps...

Un bon bain chaud, moussant et aromatique pris à la bougie en écoutant une bonne musique douce est un délassement gratuit, à la portée de tous et véritablement régénérateur tant sur les plans physique que psychique. Et puis, aujourd'hui, outre la baignoire traditionnelle, de plus en plus confortable soit dit en passant, le marché offre de multiples baignoires thérapeutiques de type jacuzzi. Bien entendu, elles ne sont absolument pas indispensables, mais si vous avez le privilège d'en posséder une, le plaisir du bain s'en trouve naturellement accru.

INFOS PRATIQUES

Voici quelques trucs à retenir pour retirer un maximum de bienfaits de vos bains.

• Le bain ne doit être ni trop bref ni trop long. Faites-le durer de vingt à trente minutes. C'est une période suffisante pour permettre au corps de se détendre ; aux herbes, aux huiles et aux autres substances de diffuser leurs propriétés curatives dans l'eau ; au tissu cutané d'absorber ces substances thérapeutiques.

• L'eau du bain ne doit être ni trop froide ni trop chaude. Il faut retenir que les pores de la peau ne se dilatent, pour laisser pénétrer les substances curatives contenues dans l'eau, qu'à partir de 34 °C. En dessous de cette température, la peau reste imperméable aux diverses substances contenues dans l'eau ; au-delà de 38 °C, non seulement l'eau neutralise-t-elle les effets thérapeutiques de plusieurs substances, mais elle accroît en outre excessivement la circulation sanguine et la température corporelle, ce qui peut entraîner divers troubles cardiaques (dont le plus fréquent est la tachycardie), des étourdissements et des tremblements. En plus, elle est très dommageable pour la peau. La température idéale se situe donc entre 34 °C et 38 °C, au maximum. Les tissus cutanés et musculaires, au contact d'une eau à cette température, se détendent, les pores de la peau deviennent «perméables», les vaisseaux sanguins se dilatent, la sudation s'accroît et augmente, par le fait même, l'élimination des toxines. Tout ce processus permet la pénétration des minéraux, des oligoéléments, des vitamines et des autres éléments curatifs contenus dans l'eau.

• Attendez toujours de une heure à deux heures après un repas pour prendre un bain.

MOUSSES, HUILES ET SELS

Tout ce que vous ajouterez à l'eau de votre bain pénétrera en partie dans votre corps, absorbé par les cellules de votre peau. Vous trouverez un peu plus loin les recettes de base pour vous concocter des mousses, des huiles et des sels de bain; les uns et les autres sont destinés à vous soulager de certains malaises ou à vous procurer repos et bien-être. Il ne vous restera plus qu'à créer vos propres produits en vous référant aux informations du chapitre suivant, qui vous précisent les propriétés thérapeutiques des herbes, des épices, des huiles essentielles et végétales bénéfiques pour l'organisme.

Ainsi, pour un bain énergisant et stimulant, vous opterez pour des herbes comme l'aneth, l'angélique, la sarriette et le curcuma, tandis que pour un bain destiné à soulager les douleurs musculaires, vous choisirez plutôt la camomille, le girofle, la verveine et l'origan. Les baies de genièvre, les graines de cardamome, l'hysope et les zestes d'agrumes seront choisis pour régénérer un organisme déficient; le basilic, le géranium, la lavande et le tilleul seront utilisés pour détendre et relaxer le corps tandis que le cerfeuil, la menthe et le romarin serviront à le tonifier. Pour un bain à deux ou encore pour augmenter votre libido avant une nuit d'amour, vous disposez d'un vaste choix d'herbes et d'aromates aphrodisiaques dont, notamment, le bois de rose, le céleri, le gingembre et le thym.

Si vous préférez les huiles essentielles aux herbes, concoctez-vous plusieurs petites bouteilles aux arômes distincts. Comme il est toujours préférable de dissoudre les huiles essentielles dans des huiles de support, vous trouverez aussi la description de quelques-unes d'entre elles. D'autres produits naturels peuvent également être ajoutés à l'eau du bain, par exemple le lait, le miel, l'argile, les œufs, pour ne nommer que ceux-là.

Faites donc en sorte d'avoir toujours, dans votre pharmacopée, des herbes et des huiles possédant différentes vertus médicinales. Ainsi, vous pourrez toujours soulager ou guérir un coup de pompe de fin de journée, une déprime passagère, une entorse, un mal de dos inopportun, une céphalée dérangeante, des ecchymoses inesthétiques, une baisse de libido, etc.

RECETTE DE BASE POUR SELS DE BAIN AUX HERBES AROMATIQUES

Ingrédients

Du sel marin

Des herbes bien parfumées en quantité suffisante (voir le chapitre 9 à la page 107).

Préparation

Dans un bocal possédant un bouchon à fermeture hermétique, étalez une couche de sel marin de 1 cm d'épaisseur. Sur ce sel, étalez une couche de fleurs et d'herbes de votre choix (de la même épaisseur), puis de nouveau une couche de sel, et ainsi de suite, en couches successives, jusqu'à épuisement du sel. Terminez par le sel. Fermez hermétiquement et conservez dans un endroit frais et sombre pendant trois mois.

C'est au cours de cette période que les plantes vont libérer leur essence respective et imprégner le sel de leurs propriétés thérapeutiques.

NOTE: Si vous ne disposez pas de toutes les herbes, plantes et fleurs séchées, vous pouvez remplacer quelques-unes d'entre elles par quelques gouttes de son huile essentielle – elles seront toutefois ajoutées à la toute fin de la préparation, quand vous aurez terminé vos couches successives de plantes et de sel. Dès que les huiles seront versées sur le tout, fermez le bocal, agitez vigoureusement et procédez ensuite tel qu'indiqué précédemment.

Utilisation

Au terme de la macération, secouez bien le bocal. Préparez quelques carrés d'étamine, de mousseline ou de lin, et déposez, au centre de chacun, 45 ml de sel aromatisé. Nouez les carrés pour en faire des sachets, et voilà, le tour est joué! Vous n'avez plus qu'à jeter un de ces sachets dans l'eau de votre bain pour que le sel, en se dissolvant, répande son délicieux bouquet et ses effets bienfaisants.

NOTE: Bien entendu, vous pouvez utiliser le sel marin nature en le faisant dissoudre directement dans l'eau du bain; ou encore vous faire de jolis flacons décoratifs en ajoutant quelques gouttes de colorant alimentaire à votre sel.

Les huiles de bain que l'on nous propose sur le marché ne sont pas toutes thérapeutiques. Pour être sûr de bien connaître la composition des produits dans lesquels vous vous baignez, il est préférable de prendre le temps de faire vous-même vos huiles de bain, d'autant plus que c'est simple et vitement fait! Vous n'avez besoin que d'une huile neutre et d'une ou de plusieurs huiles essentielles de votre choix. Chacune de ces dernières possède, tout comme les herbes et les aromates, des vertus curatives qui lui sont propres. Reportez-vous au chapitre suivant, à la page 107, pour faire vos choix.

RECETTE DE BASE POUR HUILE DE BAIN

Pour faire vous-même votre huile de bain, diluez 5 ml d'huile essentielle dans 125 ml d'une huile de support. Après un premier essai, vous pourrez augmenter la quantité d'huile essentielle et aller même jusqu'à 10 ml par 125 ml d'huile de support, soit environ 10 % du total de votre mélange. Cependant, quand vous employez une huile essentielle pour la première fois, il est recommandé d'utiliser des doses moindres au cas où votre organisme et votre épiderme y réagiraient mal.

LES HUILES ESSENTIELLES: CE QUE VOUS DEVEZ SAVOIR

Les huiles essentielles, aussi nommées hormones végétales, sont des extraits d'herbes, de plantes, de fleurs, de fruits, de racines et parfois même d'écorces. Elles sont extrêmement concentrées et doivent, par conséquent, être utilisées parcimonieusement. On les mesure généralement en «gouttes». Leurs vertus thérapeutiques sont nombreuses et leurs bienfaits se répandent très rapidement dans l'organisme. De façon générale, on affirme qu'une huile essentielle absorbée par le biais d'un bain produira des effets bénéfiques à l'intérieur d'une période allant de quelques minutes à une heure.

Cela dit, je vous conseille de toujours choisir une huile essentielle de première qualité; elle sera sans doute plus chère à l'achat, mais de sa qualité dépendra aussi la qualité de ses bienfaits. Comme certaines huiles essentielles comportent des contre-indications, assurez-vous d'en prendre connaissance avant leur utilisation.

L'huile essentielle ne doit pas entrer en contact direct avec la peau. Si toutefois cela arrivait, n'essayez surtout pas de faire cesser la sensation de brûlure avec de l'eau puisque l'huile essentielle est insoluble dans l'eau; versez plutôt quelques gouttes d'huile végétale sur la partie du corps qui a été touchée, puis nettoyez ensuite avec un morceau de ouate.

RECETTE DE BASE POUR BAIN MOUSSANT

Pour concocter un bain moussant thérapeutique, il vous suffit de vous procurer soit un savon à vaisselle très pur, sans odeur et sans colorant, soit un shampoing inodore pour bébé, et d'y ajouter les huiles essentielles de votre choix.

RECETTE DE SELS EXFOLIANTS

30 ml d'huile d'olive ou autre huile de support
250 ml de sel de mer
20 gouttes d'une huile essentielle de votre choix (voir le chapitre 9, à la page 107, pour les vertus thérapeutiques des huiles essentielles)

Mélangez bien tous les ingrédients pour en faire une sorte de pâte. Prenez-en une poignée, puis massez-vous le corps, en mouvements circulaires en évitant le visage, les organes génitaux, les seins et les zones sensibles ou abîmées du corps.

Ce soin exfoliant permet l'élimination des cellules mortes et l'amélioration de la texture de la peau. Un traitement par semaine suffit à entretenir votre épiderme et à garder votre peau douce et soyeuse.

LES BAINS D'ALGUES

Dans un chapitre précédent, j'ai parlé des applications et des enveloppements d'algues, mais il est impossible de ne pas y revenir le temps de quelques lignes, question de ne pas passer sous silence les innombrables bienfaits des bains d'algues. Pour en jouir véritablement et en retirer un maximum de bénéfices, qu'il soit total (immersion complète du corps) ou partiel (bain de siège, de mains ou de pieds), certains principes doivent être respectés.

Cela dit, les bains d'algues sont une thérapeutique accessible à tous. Il suffit seulement de posséder une baignoire et de n'être sujet à aucune contre-indication. Pour les algues elles-mêmes, vous trouverez dans les magasins de produits naturels et dans certaines grandes pharmacies des préparations d'algues pour le bain. À celui-ci, vous pourrez ajouter, si le cœur vous en dit, les huiles essentielles de votre choix, selon leurs propriétés respectives – remarquez que certaines préparations d'algues vendues sur le marché sont déjà additionnées d'huiles essentielles. En revanche, pour un bain qui se rapproche des bains d'eau de mer pratiqués en centre de thalassothérapie, ajoutez du sel marin à votre eau.

NOTE: De nombreuses personnes ayant pratiqué l'algothérapie sans en respecter le «mode d'emploi» ont été déçues des résultats. Les algues, comme n'importe quel autre produit issu de la nature, agissent sur l'organisme par un processus biochimique 100 % naturel, et si elles agissent plutôt rapidement il faut néanmoins leur laisser le temps d'exercer leur action bienfaitrice et ne pas vouloir obtenir des résultats probants et durables après un seul bain.

MARCHE À SUIVRE POUR UN BAIN D'ALGUES

- Avant le bain, prenez une douche rapide et frottez-vous le corps avec un gant de crin ou une éponge exfoliante, question de débarrasser votre épiderme des incontournables cellules mortes qui y adhèrent.

- N'utilisez toujours que des algues de première qualité, riches en minéraux et en oligoéléments, et en quantité suffisante (par rapport au volume d'eau du bain) pour atteindre une concentration adéquate et thérapeutique. Dispersez les algues dans la baignoire.

- Si vous utilisez un sachet d'algues, accrochez-le sous le jet d'eau du robinet et commencez par faire couler de l'eau très chaude afin de l'ébouillanter et d'en libérer un maximum de propriétés. Réduisez ensuite la température de l'eau. Au cours du bain, servez-vous de ce sachet pour masser les zones de votre corps où il y a des surcharges pondérales ou de la cellulite; les éléments actifs des algues agiront de façon encore plus directe.

- Faites-vous couler un bain de 200 litres à 300 litres d'eau (selon la capacité du bain, bien entendu!). Sauf pour les bains «partiels», votre corps doit être totalement immergé, c'est-à-dire jusqu'au cou.

- Dans la majorité des cas, la température de l'eau doit être au minimum de 34 °C et au maximum de 38 °C, sauf pour un bain tonique et dynamisant (le bain du matin), auquel cas la température se situera entre 25 °C et 32 °C.

- Maintenez la température du bain constante. Pour ce faire, munissez-vous d'un thermomètre et ajoutez de l'eau chaude au fur et à mesure que celle du bain refroidit.

- Au cours d'un bain d'algues, le savon et les mousses n'ont pas leur place; massez plutôt votre corps avec les algues.

- Au terme du bain, ne vous essuyez pas! Cela est très important car le phénomène de pénétration des minéraux, des oligoéléments et des autres substances bénéfiques se poursuit alors même que le corps n'est plus dans l'eau. Enveloppez-vous d'une sortie de bain ou d'une grande serviette, et allongez-vous dans une pièce où il fait chaud.

- L'idéal, pour bénéficier de l'effet maximal d'un bain thérapeutique, d'algues, d'argile, de boues ou de sels marins, est de le faire suivre d'une période de repos équivalant à celle du bain.

- Après cette période de repos, il est recommandé de prendre une douche afin de débarrasser la peau des traces de transpiration.

LA DURÉE ET LA FRÉQUENCE DES BAINS

La durée d'un bain varie selon qu'il est le premier, le deuxième, le troisième ou le quatrième d'un traitement. Voici un traitement type: premier bain: 10 minutes; deuxième bain: 15 minutes; troisième bain: 20 minutes; quatrième bain et les suivants: 30 minutes. Notez que vous ne devez jamais dépasser 30 minutes, et n'oubliez pas de vous allonger et de vous reposer pendant une période équivalant à celle du bain.

Quant à la fréquence des bains, elle sera de deux par semaine pendant six semaines ou de trois par semaine pour une durée de quatre semaines, soit un total de douze bains pour une cure. Pour être valable, la cure peut ne comporter qu'une dizaine de bains, mais ne doit jamais excéder vingt séances. Laissez ensuite s'écouler de un à trois mois avant de refaire une nouvelle cure.

LES INDICATIONS

Les bains d'algues:

- relaxent et stimulent l'organisme;
- favorisent l'élimination des toxines et des déchets organiques;
- chassent la fatigue, la déprime ainsi que les symptômes liés au surmenage et au stress;
- sont efficaces pour lutter contre la cellulite et éviter la formation de bourrelets inesthétiques;
- stimulent la circulation sanguine;
- vitalisent, hydratent, tonifient et équilibrent les cellules de la peau;
- retardent notablement le vieillissement;
- luttent efficacement contre de nombreuses maladies de la peau;
- favorisent l'élimination des déchets organiques;
- vitalisent l'épiderme et augmentent la vitesse de cicatrisation.
- atténuent considérablement les détestables symptômes de la ménopause, de l'irritabilité en passant par les bouffées de chaleur et tous les autres malaises imputables aux changements hormonaux;
- soulagent la fatigue des jambes et des pieds, notamment les lourdeurs et les oignons, et stoppent l'apparition des varices;

- reminéralisent l'organisme dans son ensemble, rendant ainsi les divers organes du corps davantage aptes à exercer convenablement leurs fonctions;
- augmentent les défenses du système immunitaire;
- remédient aux troubles de la croissance, particulièrement le rachitisme;
- soulagent les maux de dos et la douleur liée aux entorses, aux élongations, aux luxations et aux déboîtements;
- soulagent les douleurs musculaires, rhumatismales et arthritiques.

LES EFFETS SECONDAIRES POSSIBLES

Le but d'une cure de bains d'algues est, d'une part, de se débarrasser de toutes les toxines qui encombrent et polluent l'organisme et, d'autre part, de donner à ce dernier tous les nutriments qui lui sont essentiels (mais qui pourtant lui font si souvent défaut) afin qu'il atteigne un bel équilibre, tant sur les plans physique que psychique ou esthétique.

À l'instar de toutes les cures de désintoxication, celle par les algues ne se fait pas toujours sans effets secondaires. La raison en est simple. Les algues sont des aliments de haute qualité nutritive. En eux sont intacts tous les enzymes; les acides aminés sont à leur mieux; les minéraux, les vitamines, les hydrates de carbone, les oligoéléments et la force de vie sont présents. Cette force de vie est capable de reproduire des tissus sains. Lorsque ce qui pénètre dans le corps est de meilleure qualité que les tissus qui le composent, ce corps commence à se débarrasser des matériaux et des tissus de qualité inférieure afin de faire place aux nouveaux qui seront alors utilisés pour bâtir d'autres tissus. Apparaissent alors des symptômes désagréables, et beaucoup de personnes ont alors la triste réaction de laisser tomber la cure. Il faut persévérer! Les baisses notables d'énergie sont tout à fait normales, car pendant que les agents thérapeutiques, contenus dans les algues, font leur travail d'élimination des toxines, la conscience enregistre diverses douleurs (comme des maux de tête) et le corps subit certaines faiblesses. Ces effets secondaires s'expliquent ainsi: les énergies vitales qui sont généralement utilisées par les parties superficielles du corps telles que les muscles et la peau se déplacent vers les organes internes; alors commence la reconstruction, la régénération. Le changement de «focus» produit une sensation de baisse d'énergie dans les muscles et le cerveau l'interprète comme un signe de faiblesse. En fait, le pouvoir est accru, mais il est utilisé en grande partie pour reconstruire les organes importants, et seul le peu qui reste est disponible pour l'activité musculaire. Toute faiblesse ressentie n'est pas une vraie faiblesse. Ce n'est qu'une réallocation des énergies à la section des organes internes.

Généralement, ces symptômes disparaissent après une semaine ou deux, soit après trois ou quatre bains. C'est alors seulement que les véritables effets positifs seront ressentis.

Il est donc très important, quand on entreprend une cure, de conserver ses énergies, de se reposer et de dormir davantage. C'est une étape cruciale et si on utilise des stimulants de toutes sortes, le processus régénérateur du corps avortera.

Il faut avoir de la patience. Pendant la première phase d'une cure de bains d'algues, l'accent est mis sur l'élimination. Le corps commence son grand ménage et cherche à se débarrasser de tous les déchets accumulés dans tous les tissus. Au cours de la deuxième phase, la quantité de déchets éliminés quotidiennement est à peu près égale à celle des nouveaux tissus créés grâce aux vertus thérapeutiques des algues. Enfin, durant la troisième phase, le corps «performe» plus efficacement et le bien-être est général.

Sachant tout cela, soyez heureux d'avoir des réactions même si elles sont un peu désagréables. Prenez conscience en profondeur que votre corps est en train de rajeunir et de devenir plus sain au fur et à mesure que vous éliminez les déchets qui, éventuellement, vous auraient causé des maladies et beaucoup de souffrances.

Quant aux contre-indications pour les bains d'algues, elles sont les mêmes que celles de l'algothérapie.

Chapitre 9

DES HERBES, DES FRUITS, DES ÉPICES ET DES HUILES ESSENTIELLES

Les vertus thérapeutiques indiquées tout au long de ce chapitre sont celles que l'on attribue aux herbes, aux épices, aux fruits ou à leur huile essentielle. Ceux-ci peuvent être utilisés directement dans l'eau du bain, mêlés à du sel marin ou ajoutés à un bain moussant. Notez que les propriétés restent les mêmes si vous les consommez en tisane ou en infusion.

ANETH

Ses vertus thérapeutiques. L'aneth est amaigrissant; il combat les spasmes et les crampes musculaires, ouvre l'appétit, éveille les sens et l'ardeur sexuelle; il permet d'expulser plus facilement les gaz intestinaux, favorise une bonne digestion et facilite les tâches de l'estomac; il augmente la sécrétion urinaire, favorise le flux menstruel, combat et guérit la fièvre et, enfin, il stimule et tonifie l'organisme.

Aucune contre-indication.

ANGÉLIQUE

Ses vertus thérapeutiques. L'angélique soulage les douleurs liées aux rhumatismes et combat les spasmes et les crampes musculaires; elle ouvre l'appétit, permet d'expulser plus facilement les gaz intestinaux, augmente la sécrétion urinaire et purifie l'organisme en favorisant l'élimination des toxines et des déchets organiques. En outre, elle facilite une bonne digestion et les tâches de l'estomac; elle favorise le flux menstruel, aide à expulser les sécrétions provenant des voies respiratoires, stimule et tonifie l'organisme et provoque la sudation.

Ses contre-indications. L'angélique est contre-indiquée pour les femmes enceintes ainsi que les personnes souffrant de diabète et d'hyperactivité.

ANIS ÉTOILÉ

Ses vertus thérapeutiques. L'anis étoilé combat la diarrhée, les spasmes et les crampes musculaires; il lutte efficacement contre la toux, permet d'expulser plus facilement les gaz intestinaux, favorise la digestion et aide à expulser les sécrétions provenant des voies respiratoires.

Aucune contre-indication.

ANIS VERT

Ses vertus thérapeutiques. L'anis vert supprime la sensibilité à la douleur, combat l'inflammation sur les plans gastrique et intestinal, combat les spasmes et les crampes musculaires, lutte efficacement contre la toux et extermine les bactéries. Il permet d'expulser plus facilement les gaz intestinaux, favorise une bonne digestion, aide à expulser les sécrétions provenant des voies respiratoires, apaise et favorise le sommeil.

Aucune contre-indication.

ARMOISE VULGAIRE

Ses vertus thérapeutiques. L'armoise vulgaire soulage les douleurs liées à l'arthrite, aux rhumatismes et à la goutte; elle calme également les douleurs musculaires et celles imputables aux contusions, aux entorses, aux ecchymoses et aux déboîtements. Elle apaise les inflammations et les irritations cutanées ainsi que les crampes menstruelles. Elle facilite une meilleure circulation sanguine, ouvre l'appétit, facilite les fonctions de l'estomac, soulage les crampes et les spasmes, et encourage une meilleure élimination.

Ses contre-indications. Elle est strictement interdite aux femmes enceintes car elle peut provoquer un avortement. Elle est également contre-indiquée aux femmes allaitantes.

BAIES DE GENIÈVRE

Ses vertus thérapeutiques. Les baies de genièvre soulagent les douleurs liées à l'arthrite et aux rhumatismes, augmentent la sécrétion urinaire et purifient l'organisme en favorisant l'élimination des toxines et des déchets organiques. Elles favorisent le flux menstruel, calment l'inflammation, abaissent le taux de sucre dans le sang et facilitent la cicatrisation. Elles sont toniques et sudorifiques.

Ses contre-indications. L'huile essentielle de genièvre n'est pas recommandée aux femmes enceintes.

BASILIC

Ses vertus thérapeutiques. Le basilic lutte contre les symptômes de la dépression, fait stopper les vomissements et combat diverses infections. Il soulage les crampes et les spasmes musculaires, combat la toux, extermine les bactéries, calme le système nerveux, dégage les voies respiratoires et facilite la digestion.

Ses contre-indications. Le basilic peut parfois être irritant pour la peau.

BERGAMOTE

Ses vertus thérapeutiques. La bergamote favorise la digestion, énergise et tonifie l'organisme tout en le relaxant; elle soulage les gaz intestinaux et les maux de ventre; elle abaisse la température.

Ses contre-indications. En petite dose, l'huile essentielle de bergamote accélère le bronzage mais, en excès, elle peut entraîner des brûlures.

BOIS DE ROSE

Ses vertus thérapeutiques. Le bois de rose est à la fois énergisant et relaxant. Il est efficace pour lutter contre l'angine et certaines affections gynécologiques. Il lutte efficacement contre les problèmes de peau.

Aucune contre-indication.

BOULEAU

Ses vertus thérapeutiques. Le bouleau augmente la sécrétion urinaire et purifie l'organisme en favorisant l'élimination des toxines et des déchets organiques. Il est efficace pour lutter contre les problèmes de poids et de cellulite. Il combat la fièvre, l'hypertension, soulage les infections urinaires et combat les affections rénales. Il lutte contre les douleurs musculaires, rhumatismales et articulaires, et guérit certaines affections de la peau.

Aucune contre-indication.

CAMOMILLE NOBLE

Ses vertus thérapeutiques. La camomille noble lutte efficacement contre les douleurs liées à l'arthrite et aux rhumatismes, et combat les crampes et les spasmes musculaires. Elle ouvre l'appétit, tonifie l'organisme et facilite la digestion. Elle favorise le flux menstruel, calme le système nerveux, dégage les voies respiratoires, soulage l'inflammation des tissus et atténue la fièvre.

Ses contre-indications. En excès, la camomille noble provoque des étourdissements, des vertiges, des nausées et des vomissements.

CAMPHRE

Ses vertus thérapeutiques. Le camphre soulage les douleurs musculaires et articulaires, les maux de tête et les migraines, les douleurs liées aux infections urinaires ainsi que la névralgie. Il exerce une action positive en rapport avec les défaillances cardiaques et agit au niveau des voies respiratoires. Il combat certaines maladies de la peau et plusieurs types d'infections.

Ses contre-indications. À réserver à l'usage externe.

CANNELLE

Ses vertus thérapeutiques. La cannelle prévient les infections, combat les crampes et les spasmes musculaires, accélère la cicatrisation des tissus cutanés, dégage les voies respiratoires, facilite la digestion, stimule l'organisme, augmente la libido et active les fonctions cardiaques.

Ses contre-indications. L'huile essentielle de cannelle peut causer de graves brûlures si elle entre en contact direct avec la peau. Elle est, en outre, contre-indiquée pour les personnes souffrant d'hypertension et de diabète.

CAPUCINE

Ses vertus thérapeutiques. La capucine est un antibiotique naturel. Elle purifie l'organisme en favorisant l'élimination des toxines et des déchets organiques ; elle facilite l'expulsion des sécrétions provenant des voies respiratoires ainsi que l'élimination des selles. Elle ouvre l'appétit, augmente la libido et est tonique.

Aucune contre-indication.

CARDAMOME

Ses vertus thérapeutiques. La cardamome combat efficacement la toux, augmente la libido, permet d'expulser plus facilement les gaz intestinaux, facilite la digestion, aide à expulser les sécrétions provenant des voies respiratoires et atténue les états fiévreux.

Aucune contre-indication.

CARVI

Ses vertus thérapeutiques. Le carvi prévient les infections, soulage les crampes et les spasmes musculaires, stimule l'appétit et lutte contre les parasites intestinaux et la rétention d'eau en augmentant la sécrétion urinaire. Il favorise la digestion et le flux menstruel, et il accroît la sécrétion lactée chez les femmes allaitantes.

Ses contre-indications. En huile essentielle, ne pas dépasser trois gouttes par jour, en usage interne.

CÈDRE

Ses vertus thérapeutiques. Le cèdre prévient les infections, agit comme un décongestionnant nasal et pulmonaire, favorise l'expulsion des sécrétions provenant des voies respiratoires et, de façon générale, soulage les affections liées à la gorge.

Ses contre-indications. Le cèdre est contre-indiqué pour les femmes enceintes.

CÉLERI

Ses vertus thérapeutiques. Le céleri favorise la perte de poids, combat les douleurs liées à l'arthrite et aux rhumatismes, aide à prévenir les infections, ouvre l'appétit, facilite la digestion, augmente la libido, accélère la cicatrisation des plaies, augmente la sécrétion urinaire, purifie l'organisme en favorisant l'élimination des toxines et des déchets organiques, atténue la fièvre, purifie les poumons, le foie, les reins, participe à la régénération du sang, reminéralise et stimule les glandes endocrines et le système nerveux. Il est tonique et sédatif à la fois.

Ses contre-indications. L'huile essentielle de céleri n'est pas recommandée aux personnes hyperactives.

CERFEUIL

Ses vertus thérapeutiques. Le cerfeuil lutte efficacement contre l'anémie, ouvre l'appétit, stimule la sécrétion de la bile et facilite la digestion. Il augmente la sécrétion urinaire et favorise l'élimination des toxines et des déchets organiques. Il favorise également le flux menstruel et lutte contre la fièvre. Il est un antirides reconnu; il stimule et tonifie l'organisme.

Ses contre-indications. En dose excessive, le cerfeuil est toxique.

CERISIER

Ses vertus thérapeutiques. Le cerisier (ses fruits et son huile essentielle) prévient les caries et retarde le vieillissement. Il contribue à augmenter les défenses du système immunitaire, lutte contre les problèmes digestifs, rénaux, hépatiques, biliaires et urinaires. Il combat efficacement la rétention d'eau, l'anémie, l'obésité, la déminéralisation et l'artériosclérose.

Aucune contre-indication.

CIBOULETTE

Ses vertus thérapeutiques. La ciboulette prévient les infections en freinant la multiplication des microbes. Elle ouvre l'appétit, augmente la sécrétion urinaire et aide à expulser les sécrétions provenant des voies respiratoires.

Aucune contre-indication.

CITRON

Ses vertus thérapeutiques. Le citron lutte efficacement contre l'acidité gastrique, l'anémie et l'hypertension. Il soulage les douleurs liées aux rhumatismes, prévient les infections, stoppe la prolifération des microbes et des bactéries, augmente la sécrétion urinaire, purifie l'organisme en favorisant l'élimination des toxines et des déchets organiques et combat la fièvre. En outre, il est reminéralisant, tonique et fortifiant.

Ses contre-indications. L'huile essentielle de citron est photosensible. En conséquence, il ne faut pas exposer au soleil les parties du corps où elle a été appliquée.

CITRONNELLE

Ses vertus thérapeutiques. La citronnelle est très efficace pour lutter contre les états dépressifs; elle chasse les sentiments d'oppression, apaise le rythme cardiaque, régularise la tension artérielle et contribue à un sommeil serein. Elle favorise une meilleure circulation sanguine et soulage les douleurs liées à l'arthrite et aux rhumatismes.

Ses contre-indications. À réserver à l'usage externe.

CORIANDRE

Ses vertus thérapeutiques. La coriandre soulage les douleurs liées aux rhumatismes et à l'arthrite, prévient les infections, combat les crampes et les spasmes musculaires; elle est un désinfectant oculaire et un laxatif.

Elle ouvre l'appétit, facilite la digestion; elle est tonique, stimulante et calmante à la fois.

Ses contre-indications. En excès, la coriandre peut provoquer des états d'excitation intense ou, au contraire, des états dépressifs.

CRESSON

Ses vertus thérapeutiques. Le cresson combat les symptômes liés à l'anémie, enraye la toux, ouvre l'appétit, stimule la libido, augmente la sécrétion urinaire et purifie l'organisme en favorisant l'élimination des toxines et des déchets organiques. Il contribue à faire baisser la fièvre et calme les inflammations. Il stimule et tonifie l'organisme.

Aucune contre-indication.

CYPRÈS

Ses vertus thérapeutiques. Le cyprès accroît le capital énergie et chasse la fatigue, l'irritabilité et la nervosité. Il combat la diarrhée et les problèmes de transpiration excessive. Il diminue l'enflure ou la lourdeur des jambes, soulage les douleurs rhumatismales, combat la fragilité capillaire et fait diminuer la cellulite.

Ses contre-indications. Le cyprès est à proscrire pour les femmes enceintes ainsi que le soir, car il risque de provoquer de l'insomnie et des bouffées de chaleur.

ESTRAGON

Ses vertus thérapeutiques. L'estragon soulage les douleurs liées à l'arthrite et aux rhumatismes, prévient les infections, combat les crampes et les spasmes musculaires, favorise le flux menstruel, augmente la sécrétion urinaire et facilite les fonctions de l'estomac. Il ouvre l'appétit, provoque la sudation, est tonique et stimulant, et chasse les parasites intestinaux.

Aucune contre-indication.

EUCALYPTUS

Ses vertus thérapeutiques. L'eucalyptus prévient les infections, stoppe la multiplication des microbes et empêche la croissance et le développement des micro-organismes. Il soulage l'irritation de la gorge et la névralgie dentaire.

Ses contre-indications. En excès, l'eucalyptus provoque divers malaises allant du simple mal de tête au délire en passant par les nausées, les vertiges, une diminution de la tension artérielle et les convulsions.

FENOUIL

Ses vertus thérapeutiques. Le fenouil favorise l'amaigrissement, combat les crampes et les spasmes musculaires, facilite la digestion, augmente la sécrétion urinaire et favorise le flux menstruel et la sécrétion lactée. Il est un relaxant musculaire, un stimulant pour l'organisme et un tonifiant du système nerveux. Il est cicatrisant, déodorant et énergisant.

Aucune contre-indication.

GÉRANIUM

Ses vertus thérapeutiques. Le géranium soulage efficacement les ulcères, les crampes et les spasmes d'estomac. Il facilite la digestion, favorise le flux menstruel, soulage les crampes abdominales, la diarrhée et autres troubles intestinaux. Il exerce un resserrement sur les tissus et une action cicatrisante sur les plaies. Il contribue au contrôle des glandes sébacées.

Aucune contre-indication.

GINGEMBRE

Ses vertus thérapeutiques. Le gingembre soulage les douleurs liées à l'arthrite et aux rhumatismes ainsi que les douleurs musculaires. Il stimule la circulation sanguine, le système nerveux, les fonctions de l'estomac et les glandes sudoripares. Il freine la diarrhée, facilite la digestion et l'évacuation de la bile, et purifie l'organisme en favorisant l'élimination des toxines et des déchets. Il accroît la libido.

Aucune contre-indication.

GIROFLE

Ses vertus thérapeutiques. Le girofle atténue la sensibilité à la douleur, protège des infections, soulage les douleurs rhumatismales, combat les crampes et les spasmes musculaires, exerce une action cicatrisante, soulage les irritations et fait baisser la fièvre. Il ouvre l'appétit, facilite la digestion, augmente la libido, stimule et excite, et est un tonique cardiaque. Il exerce une action positive sur l'estomac et chasse les parasites intestinaux. Il rafraîchit l'haleine et soulage les maux de dents.

Ses contre-indications. Le girofle est contre-indiqué pour les femmes enceintes.

HYSOPE

Ses vertus thérapeutiques. L'hysope soulage les douleurs rhumatismales et l'inflammation des muscles et des articulations. Elle prévient les infections des voies respiratoires, combat la toux, les virus et les parasites intestinaux. Elle stimule le système nerveux, ouvre l'appétit, facilite la digestion et les fonctions de l'estomac. Elle augmente la sécrétion urinaire, exerce un resserrement sur les tissus et une action cicatrisante sur les plaies; elle favorise l'expulsion des gaz intestinaux et des sécrétions provenant des voies respiratoires ainsi que le flux menstruel. Elle chasse l'angoisse et les sentiments d'oppression.

Ses contre-indications. L'hysope est contre-indiquée pour les femmes enceintes, les gens nerveux ou ayant une tension artérielle élevée, les hyperactifs et les épileptiques.

LAURIER NOBLE

Ses vertus thérapeutiques. Le laurier noble soulage les douleurs musculaires, arthritiques et rhumatismales, combat les crampes et les spasmes musculaires, prévient les infections pulmonaires et favorise l'expulsion des gaz intestinaux et des sécrétions provenant des voies respiratoires. Il ouvre l'appétit et facilite la digestion. Il exerce un resserrement sur les tissus, augmente la sécrétion urinaire et retarde le vieillissement. Il chasse la fièvre, lutte contre les baisses d'énergie et favorise un bon sommeil. Il est un stimulant physique et psychique.

Aucune contre-indication.

LAVANDE

Ses vertus thérapeutiques. La lavande est très efficace pour faire cesser l'irritabilité, l'agitation et la nervosité, pour combattre la fatigue et le surmenage, pour chasser les états anxieux et les angoisses, et pour dissiper l'insomnie et autres troubles du sommeil. Elle augmente la sécrétion urinaire, soulage et guérit les infections vaginales, combat les crampes et les spasmes abdominaux, et exerce une action positive sur la digestion et les fonctions de l'estomac.

Aucune contre-indication.

MARJOLAINE

Ses vertus thérapeutiques. La marjolaine est efficace pour lutter contre l'aérophagie et les gaz intestinaux. Elle abaisse la tension artérielle, soulage les problèmes digestifs, les inflammations, les maux de gorge, les contusions, les ecchymoses, le torticolis et la névrite. Elle chasse l'anxiété et l'angoisse, calme la nervosité et dissipe les symptômes liés à la dépression.

Ses contre-indications. La marjolaine est contre-indiquée pour les femmes enceintes.

MENTHE

Ses vertus thérapeutiques. La menthe soulage les douleurs arthritiques et rhumatismales ainsi que les inflammations. Elle combat les crampes et les spasmes musculaires ainsi que la toux. Elle prévient les infections, atténue la diarrhée et purifie l'organisme en favorisant l'élimination des toxines et des déchets organiques. Elle facilite la digestion et stimule le système nerveux et la libido. À faible dose, elle est calmante; à forte dose, elle est tonique. Elle soulage les irritations cutanées et chasse l'anxiété et l'angoisse.

Ses contre-indications. La menthe est contre-indiquée pour les femmes enceintes et les personnes dont la tension artérielle est élevée.

MUSCADE

Ses vertus thérapeutiques. La muscade soulage les douleurs rhumatismales, combat les crampes et les spasmes musculaires, lutte contre l'inflammation et prévient les infections. Elle favorise la digestion, atténue la diarrhée, augmente le capital énergie, est stimulante et tonique et peut être narcotique.

Ses contre-indications. La muscade est contre-indiquée pour les femmes enceintes et allaitantes. En excès, elle peut provoquer des convulsions et des hallucinations.

ORANGE

Ses vertus thérapeutiques. L'orange est réputée prévenir le cancer et calmer les hémorragies. Elle prévient les infections, augmente la sécrétion urinaire et purifie l'organisme en favorisant l'élimination des toxines et des déchets organiques. Elle abaisse le taux de cholestérol dans le sang, régénère les tissus et les cellules, reminéralise, tonifie, dynamise et accroît le capital énergie. Elle procure un sommeil apaisant, régularise le rythme cardiaque, chasse l'anxiété et l'angoisse, et atténue les états dépressifs.

Ses contre-indications. L'huile essentielle d'orange est photosensible. Il ne faut pas exposer au soleil pendant 24 à 48 heures les parties du corps où elle a été appliquée.

ORIGAN

Ses vertus thérapeutiques. L'origan soulage la douleur liée aux rhumatismes, les crampes et les spasmes musculaires ainsi que l'inflammation. Il prévient les infections, ouvre l'appétit, stimule les sécrétions biliaires, facilite la digestion et aide à expulser les gaz intestinaux et les sécrétions provenant des voies respiratoires. À faible dose, il est relaxant et légèrement sédatif; à forte dose, il stimule le système nerveux. Il soulage les maux de dents, la névralgie, les douleurs menstruelles et chasse la nervosité et les symptômes des états dépressifs.

Ses contre-indications. L'origan est contre-indiqué pour les femmes enceintes. En excès, il peut entraîner des effets narcotiques provoquant la suppression de la libido.

PAMPLEMOUSSE

Ses vertus thérapeutiques. Le pamplemousse lutte efficacement contre le cholestérol, régularise la circulation sanguine, facilite la digestion, favorise l'élimination des toxines et des déchets organiques, purifie les reins, accroît notablement la résistance du système immunitaire.

Aucune contre-indication.

PERSIL

Ses vertus thérapeutiques. Le persil est efficace pour lutter contre l'anémie. Il ouvre l'appétit et facilite les fonctions de l'estomac. Il augmente la sécrétion urinaire, fait baisser la fièvre, soulage les douleurs de type inflammatoire, enraye la toux et favorise le flux menstruel. Il soulage les hémorroïdes et estompe les varices. Il est stimulant et tonique.

Ses contre-indications. L'huile essentielle de persil est strictement interdite aux femmes enceintes car elle peut provoquer un avortement.

PIN

Ses vertus thérapeutiques. Le pin favorise l'élimination des toxines et des déchets organiques, accroît les défenses du système immunitaire, soulage la congestion dans la plupart des affections des voies respiratoires supérieures et inférieures, combat et soulage les affections liées à la vessie.

Ses contre-indications. En excès, l'huile essentielle de pin peut causer des nausées et des vomissements.

ROMARIN

Ses vertus thérapeutiques. Le romarin soulage les douleurs arthritiques et rhumatismales, combat les crampes et les spasmes musculaires, prévient les infections, atténue la diarrhée, augmente la sécrétion urinaire, décongestionne le foie, favorise la digestion et exerce un effet tonique sur le cœur. Il stimule le système nerveux, lutte contre les états dépressifs, la fatigue, le surmenage, les maux de tête et les migraines. Il favorise le flux menstruel, accélère la cicatrisation des plaies, lutte contre les pellicules, retarde l'apparition des rides et tonifie l'organisme.

Ses contre-indications. Le romarin est contre-indiqué pour les femmes enceintes et les personnes dont la tension artérielle est élevée.

SARRIETTE

Ses vertus thérapeutiques. La sarriette prévient les infections, combat les crampes et les spasmes musculaires, soulage la diarrhée, augmente la sécrétion urinaire, facilite l'expulsion des sécrétions provenant des voies respiratoires, favorise la digestion et lutte contre les parasites intestinaux. Elle ouvre l'appétit, augmente la libido, accélère la cicatrisation des plaies, soulage les maux de gorge, les ulcères buccaux et la douleur liée aux abcès dentaires. Elle atténue les symptômes de la dépression car elle stimule, dynamise et tonifie.

Aucune contre-indication.

SAUGE

Ses vertus thérapeutiques. La sauge prévient les infections, combat les crampes et les spasmes musculaires, diminue la transpiration, enraye la toux, augmente la sécrétion urinaire, facilite l'élimination des toxines et des déchets organiques, exerce une action positive sur le système digestif et purifie le sang. Elle participe à la régénération des cellules, exerce un resserrement sur les tissus, nettoie la peau, abaisse le taux de sucre dans le sang et fait diminuer la fièvre. Stimulante et tonique, elle lutte efficacement contre les états dépressifs. Elle favorise la longévité et soulage de nombreuses affections buccales.

Ses contre-indications. La sauge est contre-indiquée pour les femmes enceintes, les épileptiques et les personnes dont la tension artérielle est élevée.

THYM

Ses vertus thérapeutiques. Le thym soulage les douleurs rhumatismales, combat les crampes et les spasmes musculaires, apaise la douleur des oignons, des entorses et des contusions. Il prévient les infections, enraye la toux et atténue la diarrhée. Il a un pouvoir cicatrisant, exerce un resserrement sur les tissus, augmente la sécrétion urinaire, favorise le flux menstruel ainsi que l'expulsion des sécrétions provenant des voies respiratoires. Il ouvre l'appétit, facilite la digestion, stimule le système nerveux tout en relaxant le corps et augmente la libido. Il soulage l'aérophagie et les gaz intestinaux, fait baisser la fièvre, chasse les nausées et les mauvaises odeurs liées à une transpiration excessive.

Ses contre-indications. Le thym est contre-indiqué pour les femmes enceintes et les personnes dont la tension artérielle est élevée.

TILLEUL

Ses vertus thérapeutiques. Le tilleul soulage les douleurs articulaires, combat l'artériosclérose et l'hypertension artérielle, normalise le rythme cardiaque, combat et soulage les crampes et les spasmes d'estomac. Il atténue la diarrhée, fait baisser la fièvre, accroît l'activité des glandes sudoripares et combat la rétention d'eau. Il modère l'angoisse et les états anxieux, chasse le stress et favorise un bon sommeil.

Aucune contre-indication.

VERVEINE

Ses vertus thérapeutiques. La verveine apaise les crampes et les spasmes d'estomac. Elle soulage les douleurs articulaires, rhumatismales et musculaires ainsi que la névralgie faciale et dentaire, les contusions, les élongations et les entorses. Elle collabore au bon fonctionnement du système digestif et exerce un effet tranquillisant sur le système nerveux.

Ses contre-indications. L'huile essentielle de verveine est photosensible. Il ne faut pas exposer au soleil pendant 24 à 48 heures les parties du corps où elle a été appliquée.

YLANG-YLANG

Ses vertus thérapeutiques. Le ylang-ylang est un stimulant sexuel reconnu. Il augmente notablement la libido. De plus, il chasse tous les symptômes de la fatigue, du stress, du surmenage, de l'anxiété, de l'angoisse, bref, de tous les états dépressifs. Il soulage les maux de tête et les migraines, calme les palpitations cardiaques et fait cesser l'inutile agitation physique et psychique.

Ses contre-indications. En excès, l'huile essentielle de ylang-ylang devient stimulante au point de provoquer des effets secondaires très désagréables, notamment des migraines violentes.

LES HUILES VÉGÉTALES UTILISÉES EN BALNÉOTHÉRAPIE

Les huiles végétales que l'on peut verser dans l'eau du bain sont très nombreuses; chacune possède ses propres caractéristiques et vertus thérapeutiques. Je vous propose les propriétés de quelques-unes d'entre elles afin de vous aider à choisir celle qui convient le mieux à vos besoins.

HUILE D'ABRICOT

L'huile d'abricot est extraite des petites amandes contenues dans les noyaux de ce fruit. Elle est une huile adoucissante, hydratante, nourrissante et revitalisante qui attribue douceur, éclat, tonus et élasticité à la peau. Elle redonne de la vie aux peaux fanées ou abîmées et exerce une action régénératrice sur les tissus. Antirides, elle retarde l'apparition des rides et le flétrissement de la peau. Elle fait des merveilles sur les peaux sèches et dévitalisées.

HUILE D'AMANDE DOUCE

Extraite par première pression à froid, l'huile d'amande douce est d'une grande finesse. Douce, peu colorée et fluide, elle est très efficace dans les soins de la peau. Elle pénètre facilement l'épiderme, ne laisse aucun résidu et n'assèche pas la peau. Au contraire, elle exerce une action assouplissante, nourrissante et rajeunissante.

HUILE D'AVOCAT

C'est en écrasant la chair de ce fruit que l'on extrait l'huile d'avocat. Cette huile lutte efficacement contre les cheveux secs, abîmés, cassants ou dévitalisés. Restructurante, régénératrice et hydratante, elle constitue un antirides hors pair.

HUILE DE COCO

Extraite de la chair de noix de coco, l'huile de coco, aussi connue sous le nom d'huile de coprah, est une huile presque solide, largement utilisée et appréciée pour ses nombreuses propriétés. Son usage est recommandé particulièrement pour les peaux fines, fragiles ou sensibles ainsi que dans les traitements capillaires. Dans le savon, elle donne une mousse riche (même à l'eau froide), mais elle a tendance à rendre la peau sèche. Il faut donc la jumeler à une huile hydratante.

HUILE DE PALME

Régénératrice et restructurante, l'huile de palme protège efficacement la peau contre les agressions extérieures telles que le vent, le soleil, le froid, la poussière, la fumée, etc.

HUILE DE PÉPINS DE RAISIN

L'huile de pépins de raisin possède un grand pouvoir de restauration et de régénération qui permet la réorganisation et la restructuration des cellules. Elle est particulièrement efficace dans la régénération des cellules de l'épiderme. Utilisez-la dans les savons, les crèmes, les shampoings, etc. Elle est douce, inodore et insipide.

HUILE D'OLIVE

Huile stable, l'huile d'olive est réputée pour ses nombreuses qualités régénératrices. Elle possède des vertus apaisantes en plus d'exercer une action de restructuration des cellules de l'épiderme. À cet égard, elle est un antirides efficace. Elle assouplit et protège la peau. Son usage assidu est une assurance contre le vieillissement prématuré de la peau. Compte tenu qu'elle était déjà utilisée et appréciée du temps des pharaons, il faut prendre le temps, au moins, de l'essayer. Cependant, souvenez-vous que plus elle est vierge, plus son odeur d'olive est prononcée.

HUILE D'ONAGRE

L'huile d'onagre est extraite des graines de la plante par première pression à froid. Adoucissante, assouplissante, hydratante, antirides et régénératrice, elle lutte efficacement contre de nombreuses maladies de la peau dont, notamment, l'eczéma et le psoriasis.

CONCLUSION

Sur le plan mondial, la question de l'approvisionnement en eau devient chaque jour plus préoccupante. À cela, plusieurs raisons. La première est la démographie galopante que connaît notre planète depuis deux siècles, essor en outre accompagné d'un formidable développement industriel qui a engendré de nouveaux usages de l'eau. L'apparition de ces nouveaux besoins, l'augmentation du niveau de vie et l'accès facilité à l'eau potable ont contribué à une demande croissante en eau par habitant. Mais surtout, la nécessité de nourrir toute cette population a conduit à une croissance sans précédent de l'agriculture: davantage de terres ont été mises en culture et l'irrigation s'est considérablement développée.

Si les réserves mondiales en eau sont globalement suffisantes pour répondre à l'ensemble des besoins, elles sont très inégalement réparties à la surface du globe. Si certains pays n'éprouvent aucune difficulté d'approvisionnement, d'autres connaissent déjà de graves et constants problèmes de pénurie d'eau. Or la situation devrait continuer à s'aggraver, d'autant que la mauvaise gestion de l'eau de certains pays qui en manquent contribue parfois à en réduire définitivement la disponibilité.

Mais le problème de l'eau dans le monde n'est pas uniquement quantitatif: il est aussi qualitatif. Car les écosystèmes aquatiques se dégradent de façon dramatique et l'eau est de plus en plus polluée. Toutefois, dépolluer l'eau coûte cher. Aujourd'hui, seule la moitié de la population des pays en voie de développement dispose d'eau potable. Les perspectives ne sont donc pas réjouissantes. De l'avis général, la raréfaction de l'eau semble inéluctable. Un pays qui manque d'eau ne peut ni nourrir toute sa population ni se développer. C'est dire toute l'importance de cette ressource que d'aucuns appellent déjà «l'or bleu». Posséder des réserves d'eau, voilà un enjeu qui pourrait devenir celui de prochains conflits. Déjà, de nombreux litiges existent entre États, en particulier au Moyen-Orient. Bien d'autres régions du globe ont également été recensées comme des lieux potentiels de conflit, du fait de l'existence de fleuves transfrontaliers ou de nappes d'eau souterraine communes à deux ou à plusieurs pays.

On ne compte plus aujourd'hui les conférences internationales sur le thème de l'eau dans le monde, lequel est d'ailleurs devenu une question prioritaire des Sommets de la Terre. Cela permettra-t-il de trouver des solutions? Aucune pour l'instant ne semble poindre, même s'il est régulièrement question de faire entrer l'eau sur le marché mondial.

«L'eau est la chose la plus nécessaire à l'entretien de la vie, mais il est aisé de la corrompre. Car pour la terre, le soleil,

---

les vents, ils ne sont point sujets à être empoisonnés, ni détournés, ni dérobés tandis que tout cela peut arriver à l'eau, qui, pour cette raison, a besoin que la loi vienne à son secours. Voilà la loi que je propose : Quiconque aura corrompu l'eau d'autrui, eau de source ou eau de pluie ramassée, en y jetant certaines drogues, ou l'aura détournée en creusant, ou enfin dérobée, le propriétaire portera sa plainte devant les astronomes et fera lui-même l'estimation du dommage. Et celui qui sera convaincu d'avoir corrompu l'eau, outre la réparation du dommage, sera tenu de nettoyer la source ou le réservoir conformément aux règles prescrites par les interprètes suivant l'exigence des cas ou des personnes.»

Platon, *Les lois*, Livre VII, 400 av. J.-C.

Annexe 1

MINÉRAUX ET OLIGOÉLÉMENTS

Ces principaux minéraux et oligoéléments dont l'organisme a besoin pour être en santé se retrouvent, en tout ou en partie, et en quantité variable, dans les eaux de boisson (du robinet, minérale ou de source), dans l'eau de mer, dans les algues et dans les sels marins. On dénombre, au total, une soixantaine de minéraux et d'oligoéléments mais pour 60 % d'entre eux (dont l'antimoine, le bismuth et le bore), aucune étude ne vient prouver qu'ils sont véritablement essentiels pour l'équilibre de l'organisme.

Vous trouverez dans les pages suivantes les principales fonctions des minéraux et oligoéléments les plus importants ainsi que les besoins quotidiens de l'organisme pour chacun d'eux.

CALCIUM

Ses fonctions. Le calcium contribue plus que largement à la robustesse, à la solidité et à la dureté des os en nourrissant et en consolidant le squelette. Conséquemment, il préserve des fractures; intervient dans la coagulation du sang; exerce une influence importante dans la transmission de l'influx nerveux qui commande les fonctions musculaires; contribue à améliorer les fonctions cardiovasculaires; agit positivement sur le système immunitaire.

Les symptômes d'une carence. Dégénérescence de la structure osseuse (ostéoporose); problèmes de croissance (rachitisme); problèmes cardiaques (arythmie, palpitations); déminéralisation; crampes et spasmes musculaires fréquents; menstruations douloureuses; saignements de nez fréquents; hémorroïdes; caries dentaires; fragilité des ongles et des os; nervosité et irritabilité difficiles à contrôler; troubles du sommeil.

Les besoins de l'organisme. De la naissance à l'adolescence, les besoins passent de 300 à 700 mg par jour. Durant la période de croissance de l'adolescence, pour les femmes enceintes ou allaitantes et pour celles qui sont en ménopause: 1 200 mg par jour; chez l'adulte: 900 mg par jour.

CHROME

Ses fonctions. Le chrome contribue à établir et à maintenir un taux harmonieux de cholestérol sanguin; prévient l'hypertension artérielle, les accidents vasculaires cérébraux et les maladies cardiovasculaires; lutte efficacement contre l'athérosclérose (affection dégénérative des artères); participe à l'assimilation du glucose, source énergétique essentielle au bon fonctionnement de l'organisme humain.

Les symptômes d'une carence. Diabète, hypoglycémie et autres déficiences du pancréas dans l'exercice de ses fonctions; augmentation du taux de cholestérol sanguin; gain ou perte de poids apparemment inexplicable; baisse du capital énergie: fatigabilité accrue.

Les besoins de l'organisme. Ils sont très difficiles à établir, car les thérapeutes ne s'entendent pas sur cette question. De l'un à l'autre, la dose quotidienne nécessaire à l'organisme varie entre 30 microgrammes et 250 microgrammes!

COBALT

Ses fonctions. Le cobalt est indispensable à la production et au renouvellement des globules rouges (en collaboration avec le fer et le cuivre); participe à une meilleure circulation sanguine grâce à ses propriétés vasodilatatrices et vasomotrices. Conséquemment, il supprime les engourdissements, fort dérangeants, des extrémités (mains et pieds); lutte efficacement contre les maux de tête et les migraines; calme les douleurs de nombreuses affections d'origine inflammatoire; renforce notablement le système immunitaire; prévient l'anémie; apaise le système nerveux central.

Les symptômes d'une carence. Hypertension artérielle; tachycardie (palpitations cardiaques); maux de tête persistants et états migraineux; crampes et spasmes musculaires; sensation d'angoisse et d'anxiété.

Les besoins de l'organisme. Plus ou moins 3 microgrammes par jour.

CUIVRE

Ses fonctions. Anti-inflammatoire, le cuivre réduit la production des radicaux libres qui sont en grande partie responsables de la destruction des cartilages et de l'usure prématurée des cellules; antalgique, il calme les douleurs de tous genres mais plus particulièrement les douleurs articulaires; il lutte efficacement contre l'arthrose; participe à l'élaboration des globules rouges; participe à la formation et à la santé des artères, des cartilages, des ligaments, des muscles, des nerfs, des parois internes des vaisseaux sanguins et des tendons; accroît notablement les défenses du système immunitaire; contribue à plusieurs synthèses de l'organisme dont celle de l'hémoglobine, de la myéline et du collagène; prévient l'anémie; participe à l'accroissement du capital énergie; prévient et soulage les crampes et les spasmes musculaires; prévient les allergies.

Les symptômes d'une carence. Arthrite, arthrose, ostéoporose et autres problèmes articulaires et osseux; maladie cardiovasculaire; asthénie, anémie, fatigue générale, faiblesse, diminution de la résistance, affaiblissement du système immunitaire et des défenses de l'organisme; insomnie et autres troubles du sommeil.

Les besoins de l'organisme. 3 microgrammes par jour, sans jamais excéder 5 microgrammes sous peine d'effets secondaires importants.

FER

Ses fonctions. Élément constitutif majeur des globules rouges, le fer est absolument indispensable à la formation de l'hémoglobine, ces protéines qui assurent le transport de l'oxygène dans le sang; il est vital pour la santé des molécules d'hémoglobine: sans fer, elles s'appauvrissent jusqu'à être incapables d'accomplir leur mandat, ce qui peut s'avérer dramatique pour l'organisme.

Les symptômes d'une carence. Accroissement de la fatigabilité et baisse progressive du capital énergie; difficultés digestives; étourdissements, vertiges, nausées, frissons; ongles dévitalisés et mous; cheveux secs et sans éclat; douleurs violentes et aiguës au niveau des articulations et des muscles; maux de tête pouvant aller, lorsque le déficit est important, jusqu'aux migraines violentes et insupportables; anémie et asthénie.

Les besoins de l'organisme. Entre 10 mg et 18 mg par jour.

FLUOR

Ses fonctions. Le fluor est essentiel à la constitution du squelette et des dents; renforce et durcit l'émail des dents; favorise une santé osseuse optimale; prévient l'ostéoporose.

Les symptômes d'une carence. Entorses, foulures, élongations, luxations, déboîtements, dislocations, étirements fréquents; caries dentaires.

Les besoins de l'organisme. 1 mg par jour.

IODE

Ses fonctions. L'iode est essentiel au bon fonctionnement de la glande thyroïde; participe à l'équilibre et à la bonne marche des fonctions sexuelles; participe grandement à la production du capital énergie et à l'accroissement des défenses naturelles de l'organisme; développe, entretient et stimule les fonctions cérébrales et intellectuelles; favorise le bon fonctionnement du système cardiovasculaire; travaille à l'entretien et au renforcement de la musculature dans son ensemble.

Les symptômes d'une carence. Hypothyroïdie; goitre; irritabilité et nervosité accrues; accroissement de la fatigabilité; baisse d'énergie jusqu'à l'asthénie; baisse de la libido jusqu'à sa quasi-disparition; palpitations cardiaques; déprime jusqu'à la dépression; incapacité (de partielle à totale) de concentration; déficience importante de l'acuité cérébrale.

Les besoins de l'organisme. 0,15 mg par jour.

LITHIUM

Ses fonctions. Le lithium est responsable de l'équilibre des hormones de l'humeur; tranquillise et aide à vaincre certaines dépressions et certaines formes de schizophrénie.

Les symptômes d'une carence. Maniacodépression (ou désordre bipolaire), déséquilibre de l'humeur: phases aiguës de bien-être et de bonheur suivies de phases tout aussi aiguës de dépression; troubles importants au niveau du système nerveux.

Les besoins de l'organisme. Lorsqu'il y a carence, les besoins en lithium sont établis en milieu hospitalier et déterminés au cas par cas.

MAGNÉSIUM

Ses fonctions. Le magnésium intervient au niveau des appareils digestif, respiratoire, cardiovasculaire, circulatoire et neuromusculaire; participe à la bonne marche des fonctions hépatiques, rénales et endocriniennes;

tient un rôle important dans la constitution des os et dans la résistance de l'émail des dents; participe à la régulation de la température du corps; intervient dans la croissance; lutte efficacement contre l'hypertension artérielle et l'hyperglycémie; participe activement à la lutte contre le vieillissement; combat l'inflammation; neutralise les réactions allergiques; lutte efficacement contre les troubles du sommeil et contre le stress; participe à l'augmentation du capital énergie; soulage les crampes et les spasmes musculaires et, de façon générale, exerce une action bénéfique sur la musculature; permet le maintien d'un rythme cardiaque stable et d'un bon équilibre du système nerveux; favorise l'accroissement des défenses du système immunitaire; participe à la production des anticorps nécessaires à la lutte contre les infections.

Les symptômes d'une carence. Vous comprendrez sans doute, à la lecture des fonctions du magnésium, qu'il est pratiquement impossible de dresser la liste de tous les symptômes d'un organisme carentiel. Ils vont du simple mal de tête à la dépression nerveuse en passant par l'angoisse, l'insomnie, la faiblesse musculaire, les douleurs articulaires, les difficultés de concentration, les palpitations cardiaques, les états fiévreux, et j'en passe. En fait, les symptômes d'une carence en magnésium peuvent se manifester sur l'une ou l'autre de ses dizaines de fonctions.

Les besoins de l'organisme. 6 mg par kilo de poids corporel.

MANGANÈSE

Ses fonctions. Le manganèse permet la reproduction humaine; intervient dans le maintien d'une bonne santé osseuse et dans la solidité du squelette; participe à la fabrication du cartilage et des os et, conséquemment, prend une part active dans la croissance; intervient dans la digestion et la coagulation du sang; participe à la bonne marche des fonctions cérébrales; contribue à l'accroissement du capital énergie; intensifie la fertilité et réduit les risques d'impuissance; accroît la production lactée chez les femmes allaitantes; entre dans l'élaboration de tous les tissus; lutte efficacement contre les maux de tête et les états migraineux; contribue à l'élimination des toxines et des déchets organiques; contribue au maintien d'un bon taux de sucre dans le sang; contribue à la santé des voies respiratoires supérieures et inférieures; est puissamment antiallergique.

Les symptômes d'une carence. Perte de mémoire; tachycardie; allergies; problèmes auditifs; difficultés au niveau de l'assimilation du glucose.

Les besoins de l'organisme. 4 mg par jour.

MOLYBDÈNE

Ses fonctions. Le molybdène favorise l'élimination des toxines et des déchets organiques; lutte efficacement contre les caries dentaires; soulage les maux de tête et atténue les états migraineux; régularise le rythme cardiaque; contribue à l'augmentation du capital énergie; combat la fatigue, le surmenage et l'anémie.

Les symptômes d'une carence. Maux de tête et migraines; perte d'énergie et fatigabilité accrue; tachycardie.

Les besoins de l'organisme. Entre 50 microgrammes et 75 microgrammes par jour.

NICKEL

Ses fonctions. Le nickel exerce une influence importante au niveau des fonctions pancréatiques et un certain contrôle sur le taux de sucre dans le sang; participe à l'élaboration des pigments de la peau; exerce une action bénéfique sur le système nerveux; combat l'hypertension artérielle; intervient au niveau gastrique en facilitant la digestion.

Les symptômes d'une carence. Problèmes liés au pancréas; nervosité et irritabilité; déséquilibre dans la tension artérielle; difficultés digestives.

Les besoins de l'organisme. De 0,2 mg à 0,5 mg par jour.

OR

Ses fonctions. L'or exerce une action bénéfique dans les affections de type inflammatoire; lutte efficacement contre les maladies infectieuses; combat et soulage les douleurs rhumatismales et articulaires.

Les symptômes d'une carence. Le caractère indispensable de l'or pour l'organisme n'ayant pas été scientifiquement établi, on ne peut présumer que sa carence entraîne des malaises.

Les besoins de l'organisme. Aucune donnée n'est disponible à ce sujet.

PHOSPHORE

Ses fonctions. Le phosphore participe activement à la formation, au maintien de la bonne santé et à la résistance de la structure osseuse; accroît notablement le capital énergie; exerce un effet calmant sur le système nerveux; participe au métabolisme des graisses, des sucres, des hydrates de carbone, des protéines, des vitamines, des sels minéraux et des oligoéléments; tient un rôle important au niveau des fonctions du cerveau (concentration, vigilance, attention) et participe à l'augmentation de l'acuité cérébrale; soulage et combat les crampes et les spasmes musculaires; contribue à l'élaboration du bagage génétique des individus.

Les symptômes d'une carence. Soulignons d'entrée que la carence en phosphore est très rare; caries, gingivite, décalcification; troubles de la croissance; déficiences au niveau de la structure osseuse; crampes et spasmes musculaires; engourdissements des extrémités (mains et pieds); irritabilité et nervosité; augmentation de la fatigabilité; difficultés de concentration; baisse de l'acuité cérébrale; difficultés respiratoires; gain ou perte de poids apparemment inexplicable.

Les besoins de l'organisme. De l'enfance à l'adolescence, mais aussi les femmes enceintes ou allaitantes et les personnes âgées: de 350 mg à 1 000 mg par jour. Adulte: 800 mg par jour.

POTASSIUM

Ses fonctions. Le potassium régularise et contrôle le volume d'eau dans l'organisme en stimulant les fonctions rénales; est efficace pour faire maigrir et lutter contre la cellulite; lutte contre les crampes et les spasmes musculaires; exerce une action importante sur le système nerveux; joue un rôle dans la sécrétion de l'insuline; régularise le rythme cardiaque; accroît l'acuité cérébrale; contribue à la synthèse des protéines.

Les symptômes d'une carence. Tachycardie; crampes et spasmes musculaires; fatigue, confusion, asthénie; irritabilité, nervosité; troubles intestinaux; hypertension; troubles du sommeil; engourdissements des extrémités (mains et pieds); vertiges, nausées, étourdissements; difficultés digestives; maladies de la peau.

Les besoins de l'organisme. Entre 1 g et 5 g par jour – ne pas dépasser 5 g car cela pourrait entraîner des effets secondaires graves.

SÉLÉNIUM

Ses fonctions. Le sélénium est un antioxydant puissant qui lutte efficacement contre les radicaux libres; efficace dans la prévention de nombreux cancers; collabore à la prévention des maladies cardiovasculaires; exerce une action positive sur le système nerveux; participe à l'accroissement des défenses du système immunitaire; lutte efficacement contre l'arthrite, l'arthrite rhumatoïde, l'arthrose, les rhumatismes, la sclérose en plaques, etc.; prend une part active à la production des spermatozoïdes.

Les symptômes d'une carence. Douleurs musculaires; diminution des défenses du système immunitaire; accroissement de la vulnérabilité au cancer; augmentation de la fatigabilité; vieillissement prématuré; risques accrus de maladies cardiovasculaires.

Les besoins de l'organisme. De 50 microgrammes à 80 microgrammes par jour.

SILICIUM

Ses fonctions. Le silicium est un élément hautement reminéralisant; antioxydant puissant, il mène la vie dure aux radicaux libres. Il exerce une action positive sur le rythme cardiaque qu'il régularise; contribue à augmenter les défenses du système immunitaire; participe activement à l'assimilation d'autres oligoéléments, notamment le calcium et le phosphore; stimule et active l'acuité cérébrale et intellectuelle; exerce une action bienfaisante sur les systèmes nerveux et respiratoire; contribue à la formation, à la restauration et à la régénération de tous les éléments de la structure osseuse et de tous les tissus et fibres élastiques du corps tels que les tendons, les ligaments, les cartilages, les articulations, les veines et les artères, les phanères (cheveux, ongles, dents) auxquels il confère une plus grande solidité et une meilleure santé.

Les symptômes d'une carence. Troubles de la croissance; diabète; déminéralisation; fragilité et faiblesse de la structure osseuse; malaises et maladies liés aux articulations; certains types de cancer; maladies cardiovasculaires; vieillissement prématuré; accroissement de la fatigabilité; maux de tête et migraines; réduction du capital énergie, absence de dynamisme, de vitalité et de résistance; ralentissement notable de la cicatrisation; mauvais état des cheveux, des dents et des ongles.

Les besoins de l'organisme. De 20 mg à 30 mg par jour.

SODIUM

Ses fonctions. Le sodium facilite la transmission de l'influx nerveux partout dans l'organisme; joue un rôle important dans le maintien d'un taux acceptable d'eau et autres fluides dans le corps; facilite les communications dans tout le réseau cellulaire.

Les symptômes d'une carence. Les carences en sodium sont extrêmement rares. Déshydratation; manque d'appétit; gaz intestinaux; crampes et spasmes musculaires; baisse de la tension artérielle; troubles psychiques.

Les besoins de l'organisme. 2 400 mg par jour.

SOUFRE

Ses fonctions. Le soufre lutte contre les radicaux libres; est essentiel à la structure de la peau, des cheveux, des ongles et des tissus conjonctifs et fibreux; possède des propriétés propres à retarder le vieillissement; puissant régénérateur cellulaire; combat de nombreuses maladies de la peau; combat la transpiration excessive et les mauvaises odeurs qui en résultent; prévient les problèmes liés aux cheveux et au cuir chevelu; solidifie et augmente la résistance et la mobilité des cartilages, des tendons et des ligaments; collabore à l'élaboration des anticorps et, par conséquent, aide au renforcement du système immunitaire; soulage efficacement plusieurs types d'affections respiratoires; agit positivement sur les fonctions intestinales.

Les symptômes d'une carence. Une carence en soufre est presque impossible compte tenu qu'on le retrouve partout, que ce soit dans l'alimentation, dans l'eau que l'on boit et même dans l'air qu'on respire.

Les besoins de l'organisme. 850 mg par jour.

ZINC

Ses fonctions. Le zinc est indispensable à la croissance; participe à la production de plus de 200 enzymes essentiels au bon fonctionnement de l'organisme; joue un rôle actif dans le renouvellement et l'entretien des cellules; contribue grandement au développement des organes de reproduction; aide au métabolisme de l'ADN et de l'ARN; stimule les glandes sexuelles; prévient diverses affections liées à la prostate; possède un pouvoir cicatrisant énorme; contribue à la bonne santé des ongles et des cheveux; collabore au maintien de l'équilibre du système nerveux; accroît les défenses du système immunitaire; combat les symptômes de la dépression; collabore étroitement à la bonne santé de la vue, de l'odorat et de l'ouïe.

Les symptômes d'une carence. Problèmes de peau multiples; cheveux et ongles en mauvaise santé; accroissement de la fatigabilité et apparition d'états dépressifs; allergies; cessation des règles; états infectieux variés; troubles de la croissance; diminution de l'acuité des sens; troubles de la prostate; déficience des fonctions sexuelles;

Les besoins de l'organisme. Entre 15 mg et 25 mg par jour.

Annexe 2

COMMENT ÉCONOMISER L'EAU

> «Ce n'est que lorsque le puits s'as-
> sèche que l'on découvre la valeur de
> l'eau.»
>
> Proverbe écossais

Apprendre à économiser l'eau impose une révolution des mentalités, notamment dans les pays industrialisés, où l'eau est d'un accès si facile que chacun s'est accoutumé à la consommer sans retenue. Il s'agit donc de responsabiliser tous les usagers de l'eau, non seulement les acteurs industriels et agricoles qui en consomment beaucoup, mais aussi les particuliers, et d'apprendre à ces derniers les gestes qui aident au quotidien à économiser et à sauvegarder l'eau. Tout d'abord, il s'agit de remédier aux fuites, qui peuvent représenter plus de 20 % de la consommation d'un foyer. Ainsi, un robinet qui goutte consomme de 100 à 300 litres d'eau par jour, et une chasse d'eau qui fuit, de 500 à 1 000 litres par jour! Quelques recettes simples permettent pourtant de détecter, de supprimer ou d'empêcher ces fuites: surveiller sa consommation, entretenir régulièrement la tuyauterie de la cuisine et de la salle de bains, changer les joints usés, utiliser du matériel robuste et, pour les immeubles d'habitation collective, faire appel aux sociétés spécialisées qui proposent des contrats d'entretien de la robinetterie et de gérance de l'eau.

Pour économiser l'eau, divers moyens permettent de diminuer de 20 % à 30 % la consommation d'eau d'un ménage. D'une part, il faut surveiller ce que l'on achète: on trouve dorénavant sur le marché des appareils ménagers tels que lave-linge, lave-vaisselle et WC, plus économes qu'autrefois; il existe également des appareils économiseurs, comme ceux qui, fixés sur les pommes de douche ou les robinets, permettent d'en réduire le débit. D'autre part, il faut faire attention à la manière dont on utilise l'eau. Certaines précautions de bon sens ne sont jamais inutiles à recommander, comme de ne pas faire tourner de lave-linge ou de lave-vaisselle à moitié vides, de ne pas laisser couler l'eau en permanence pendant le lavage des dents ou des mains, de prendre plutôt des douches que des bains, ou encore de faire attention quand on lave la voiture ou que l'on arrose le jardin.

Il existe une foule de trucs pour économiser l'eau et pour réduire les coûts liés à son épuration. Bien souvent, il s'agit seulement d'être attentif aux gestes que l'on fait pour s'apercevoir que l'on gaspille effrontément. À partir du moment où vous prendrez conscience (car ces gestes sont le plus souvent inconscients) que vous vous rendez coupable de certains gaspillages, vous rectifierez sans doute, très aisément, vos comportements. Certaines personnes diront qu'il s'agit là, à l'échelle planétaire, d'économies de bouts de chandelle. Seulement, si tout le monde veillait à être un bon citoyen de l'eau, en redonnant à celle-ci toute la valeur qu'elle mérite, c'est un volume d'eau phénoménal que l'on épargnerait.

GOUTTE À GOUTTE...

Une toute petite fuite d'eau d'une seule goutte à la seconde entraîne une perte d'environ 1,5 litre par jour, soit près de 5 000 litres par année, ce qui équivaut à plus de 40 bains!

LES TOILETTES NE SONT PAS UNE POUBELLE

Ne jetez plus vos déchets dans la cuvette des toilettes car l'épuration des eaux coûte cher et, compte tenu qu'elle est payée par les citoyens, c'est un peu de votre argent que vous gaspillez chaque fois.

PLUS ÇA COULE, PLUS ÇA COÛTE CHER

Un robinet ouvert laisse couler de 8 litres à 10 litres d'eau à la minute. En le fermant pendant le brossage des dents, le rasage ou le démaquillage et en ne le rouvrant que pour le lavage ou le rinçage, vous n'utiliserez alors qu'environ 2 litres, ce qui constitue une économie notable.

Dans le même ordre d'idées, plutôt que de laisser couler l'eau du robinet tout le temps que dure le nettoyage et le brossage de vos légumes ou autres denrées alimentaires, emplissez un bol d'eau, exécutez votre tâche de nettoyage, puis, faites couler l'eau pour bien rincer le tout. Ou encore, quand vous lavez votre automobile, faites-le en utilisant une chaudière et une éponge, et n'utilisez le boyau d'arrosage que pour rincer.

LE LAVE-VAISSELLE

Ne faites fonctionner votre lave-vaisselle que lorsqu'il est plein, car cet appareil est très gourmand en eau (entre 60 litres et 120 litres), chaude de surcroît.

LES «DDD»

Les «déchets domestiques dangereux» ne doivent jamais être jetés dans les toilettes ou le lavabo, car une toute petite quantité de produits chimiques contamine des milliers de litres d'eau. Ce qui est jeté aux égouts nous revient par le robinet après avoir été filtré, bien entendu. Cependant, les produits chimiques toxiques sont très difficiles à filtrer. Il faut plutôt les garder dans un endroit sûr, dans des contenants parfaitement étanches et les apporter, en temps et lieu, à une collecte de déchets dangereux.

SOMMAIRE